" 시와 찬미와
신령한 노래 "

미국 정통장로교회 총회(제13~14회)의
공적인 예배에서의 '노래'에 관한 보고서를 중심으로

장대선 번역

고백과 문답

시와 찬미와 신령한 노래

| **초판 1쇄 인쇄** | 2021년 1월 15일 |
| **초판 1쇄 발행** | 2021년 1월 15일 |

| **역 자** | 장대선 |
| **발행인** | 장대선 |

발행처	고백과 문답
출판신고	제2016-000127호
주소	서울특별시 영등포구 신길동 120-32, 101호
전화	02-586-5451

| **편집** | 고백과 문답 |
| **디자인** | 이새봄 |

| **인 쇄** | 이레아트 02-2278-1886 |

| **ISBN** | 979-11-971391-3-0 93230 |

"Psalms, Hymns and Spiritual Songs"

Focusing on the report on "song" in public worship of the General
Assembly of the Orthodox Presbyterian Church (13th~14th)

Published by
Confession and Catechism

편집 서문

이 책은 미국의 정통장로교회the Orthodox Presbyterian Church 총회에 보고되었던, '하나님께 대한 공적인 예배에서 부를 수 있는 노래'에 관한 두 종류의 보고서를 번역하여 정리한 것이다. 그러므로 이 책은 번역서라고 볼 수도 있지만, 또한 후반부의 보고서에 대한 개괄은 O·P·C 총회의 보고서에 대한 해설적인 성격이라는 점에서 단순한 번역서라기보다, 이 책 자체가 제11회 총회에서부터 시작하여 제15회 총회에까지 연계되었던 보고서에 관한 또 다른 보고서라고도 할 수가 있을 것이다.

사실 공적인 예배에서 시편을 노래하는 문제는, 단순히 예배에서 어떤 노래를 부르는 것이 좋은 것이냐 하는 것에 국한한 이슈만이 아니라, 예배에 있어 필연적인 원리와 직결되는 실천적인 주제다. O·P·C 총회의 보고서들에서 볼 수 있듯이, 공적인 예배에서의 노래에 관한 결론을 핵심적으로 확인할 수 있는 것이다.

그러나 안타깝게도 우리나라의 장로교회들은 그 시작인 조선예수교장로회의 역사로부터 이미 복음찬송가가 사용되어 왔고, 비교적 최근에 이르기까지 시편찬송은 소개조차 되지 않았었다. 그러므로 이

제 뒤늦게 시편찬송의 의미와 중요성에 대한 인식이 형성되고 있지만, 이미 오래도록 사용해 온 찬송가공회의 찬송가를 대체하여 시편찬송을 도입하는 문제는 극소수의 교회들에서나 실현되고 있는 실정이다. 이미 100년 이상이나 찬송가를 부르는 것으로만 만족해 왔던 우리 장로교회의 역사 가운데서, 시편찬송을 도입하는 문제는 시급하게 결정할 수 있는 문제가 아닌 것이다. 따라서 우선은 예배에 있어서 신적인 보증을 확증할 수 있는 원리가 무엇이며, 그러한 원리의 실천과 예배에서 부르는 노래의 문제가 어떻게 연관되는지, 그리고 그러한 이해 가운데서 우리들이 개혁해야 할 방향이 어떤 것인지에 대한 성경적이고도 분명한 이해가 널리 확산되는 일이 급선무일 것이다.

안타깝게도 최근 시편찬송의 중요성을 인식한 장로교회들과 신자들이 조금씩 늘어나는 추세 가운데서, 당장 시편찬송을 부르지 않는 교회들에 대해 정죄와 강력한 반대를 주장하는 사례도 있는 실정이다. 특히 개혁교회를 표방하는 작은 규모의 장로교회들에서 시편찬송을 부르는 문제로 말미암아 발생하는 적잖은 갈등이 일어나기도 하는데, 그러한 양상은 시편찬송의 본래의 의미를 무색케 하는 것임에 분명하다. 오히려 이런 과도기적인 상황과 형편 가운데서 우리들은 더욱 "믿음이 강한 우리는 마땅히 믿음이 약한 자의 약점을 담당하고 자기를 기쁘게 하지 아니할 것이라."고 한 롬 15:1절의 말씀과, "그러면 네 지식으로 그 믿음이 약한 자가 멸망하나니 그는 그리스도께서 위하여 죽으신 형제라."고 한 고전 8:11절의 말씀을 기억하여, 시편찬송에 대해 아직 아는 바 없는 그리스도인들 혹은 아직 필요성을 깨닫지 못한 교회들에 대해 동일한 마음으로 기다리며 더욱 권면할 수 있는 너그러움과 지혜가 요구된다.

무엇보다 근대와 현대를 구분하는 대략적인 분기점이 되는 1950년 이전부터, 우리나라의 장로교회에 지대한 기여를 한 미국의 장로교회들, 그 가운데서도 가장 개혁주의적인 풍토를 지녔던 정통장로교회에서도 이미 신학적인 양상에 있어서의 시류가 반영되어 있었던 것을 볼 때에, 우리들은 더욱 그 가운데 있었던 논의의 의미를 파악하고 이해하는 깊이 있는 통찰이 요구된다 하겠다. 아무쪼록 이 작은 책이 그러한 목적에 기여할 수 있기를 기대한다.

08 시와 찬미와 신령한 노래

목차

편집 서문·04

제 11회 O·P·C 총회·11
제11회 총회에 대한 찬송가 위원회의 보고서 · 12
제11회 총회에서 정통장로교회의 찬송을 위한 예비 계획을 발표 하기 위해
제10회 총회에서 선출한 9명의 위원들의 소위원회 보고서 · 14

제 13회 O·P·C 총회·17
하나님께 대한 공적인 예배에서 부를 수 있는 노래에 관계된 우리의 표준의
가르침에 관한 제13회 총회에 제출 된 예배에서의 노래에 관한 위원회의 보
고서 · 18
  A. 예배의 규정적 원리the Regulative Principle에 관계되는
    하위 표준들의 가르침 · 18
  B. 하나님께 대한 공적인 예배에서 부를 수 있는 노래에 대한 우리의 하위
    표준들Subordinate Standards에 관한 가르침 · 32
  C. 예배의 규정적 원리에 관한 하나님의 말씀의 가르침 · 37

정통장로교회 제13회 총회에서 발표된 본문 및 교정본문에 대한 위원회의
보고 · 43

제 14회 O·P·C 총회 · 45

하나님께 대한 공적인 예배에 있어서 노래에 대한 제 14회 총회의
위원회 보고서 · 46

예배의 규정적 원리에 관한 하나님의 말씀의 가르침 · 50

　　1. 예배에서 부를 수 있는 노래에 관한 성경의 가르침 · 50

　　　　　1). 구약성경에서 · 50

　　　　　2). 신약 성경에서 · 54

　　2. 결론 · 68

하나님께 대한 공적인 예배에서의 노래에 대한 소위원회의 보고서 · 71

　　1. 성경의 증거 · 74

　　2. 일반적인 결론 · 90

제 15, 16회 O·P·C 총회 · 95

항의서 · 96
본문 및 증거본문 위원회 보고 · 98

Epilogue · 99
O·P·C 총회 보고서에 내포된 의미들의 개괄 · 100

역자 후기 · 115

제 11회 O·P·C 총회

제11회 총회에 대한
찬송가 위원회HYMNAL COMMITTEE의 보고서[1]

위원회는 다음과 같이 제11회 총회에 찬송가에 대한 예비 계획을 정중하게 제시하여 보고한다.

위원회의 위임들:

1. 총회는 두 가지 찬송가의 출판을 고려하고 있는데, 하나는 대찬송가a larger hymnal이고 다른 하나는 보다 일반적인 사용을 위한 소찬송가a shorter hymnal이다.

2. 총회는 먼저 대찬송가의 출판을 고려하는 조치를 취해야 한다.

3. 총회가 출판하는 대찬송가에는 운율 시편metrical psalms과 찬송hymns이 모두 포함되어 있다.

4. 대찬송가는, 음악적인 부분의 대략적인 구성이 85퍼센트, 찬송과

---

[1]   1944년에 필라텔피아에서 열린 제11회 정통장로교회 총회 회의록 가운데서 일부를 발췌하여 번역한 것이다. [역자 주] ※이후로 모두 역자 주이다.

시편이 15퍼센트이다.

5. 총회가 출판하려는 대찬송가에는 화답하며 읽기 위한 시편이 포함되어 있다.

6. 총회는 대찬송가의 준비에 착수하기 위해 9명의 위원들을 선출한다.

의장 James W. Price
정중하게 제출함

Murray 씨가 소위원회의 보고서[2]를 제출했다.

---

2) 위원회가 대위원회와 소위원회로 별도로 구성되었던 것 같지는 않으며, 다수 입장과 소수 입장의 구도로 각각의 보고서가 제출되었던 것으로 보이는데, 다만 다수의 견해 혹은 소수의 견해로 번역하기보다는 다수를 의미하는 '위원회'와, 그 가운데서 소수의 입장이지만 정통적 견해를 견지한 '소위원회'로 편의상 구별하여 일관되게 언급하려 한다.

제11회 총회에서 정통장로교회의 찬송을 위한 예비 계획을 발표하기 위해 제10회 총회에서 선출한 9명의 위원들의 소위원회 보고서

앞서 언급한 위원회의 구성원인 나는, 위원회 대다수의 추천이 내가 그들과 동의할 수 없는 성격이라는 점을 유감으로 생각한다.

처음 두 건의 권고안에 있어서 위원회의 대다수는 제10차 총회에서 주어진 위원회의 조건을 초과했다. 총회는 위원회에 "찬송을 위한 예비 계획"을 제시하도록 지시했으며, 위원회는 "총회에서 두 개의 찬송가의 출판을 고려"할 것을 권고했다.

이 소위원회 보고서는 제11회 총회의 권고사항 3, 4, 6항이 정통장로교회에 대한 중대하고 우려스러운 물음들을 포함하고 있다는 사실에 정중한 주의를 환기시키고자 한다. 이러한 물음은 성소the sanctuary에서의 예배에서 하나님을 찬양하기 위해 부를 수 있는 노래에 대한 하나님의 말씀과 우리의 종속적 표준들subordinate Standards[3]에 대한

---

3) '종속적 표준들'이란, 신앙고백서와 대 · 소교리문답에 뒤따르는 예배모범을 통틀어서 말하는 것이다.

가르침에 관한 것이다.

영감 되지 않은 곡을 합법적으로 노래할 수 있는지에 대해 위원회 내에서의 판단이 [둘로] 나뉘었다. 위원회의 보고서는 총회에서 출판하려는 대찬송가에 영감 되지 않은 찬송hymns을 포함하도록 함축적으로 권장한다. [그러나] 성소에서의 예배에서 영감 되지 않은 노래를 부르는 것이 하나님의 말씀에 의해 보증되지 않는다는 것이 소위원회의 주장이다.

우리의 종속적 표준들은 성경에 규정되지 않은 어떠한 방식으로도 하나님을 경배할 수 없음을 분명히 규정한다. 이 총회는 그러므로 하나님을 공적으로 경배할 때 영감 되지 않은 찬송을 부르는 것이 성경에 의해 승인되었는지의 여부에 대한 질문을 피할 수가 없다.

[따라서] 소위원회의 보고서는 정중히 다음과 같이 권고한다.

1. 이 총회는 7명의 위원들을 선출하여 하나님의 공적인 예배에서 부를 수 있는 노래에 관한 물음과 관련하여 하나님의 말씀과 우리의 종속적인 표준들의 가르침을 부지런히 연구하고, 그 결과를 제12차 총회에 보고토록 한다.

2. 이 총회는 정통장로교회의 노회와 당회가 이러한 물음에 대해 진지하게 고려할 수 있게 추진토록 한다.

3. 이 총회는 정통장로교회를 위한 찬송을 준비하기 위해 [이 위원회의 논의 외에는] 더 이상의 조치를 취하지 말도록 한다.

John Murray
정중하게 제출함

  위원회의 보고서를 소수 보고서로 대체하도록 하는 방안이 [제출되어] 옮겨졌다. [그리고] 소위원회의 보고서의 권고안을 대신하여 채택하도록 옮겨졌다. 나뉜 질문들이 전달되어 옮겨졌다. 사회자The Moderator는 위원회의 보고서를 소위원회의 보고서로 대체하라는 동의를 주문order에서 제외했다. [하지만] 의석the chair의 결정에 따라 항소가 취해졌다. 사회자는 [그대로] 유지되었다.

발의에 의해 소위원회 보고서 1항이 채택되었다.
발의에 의해 3항이 채택되었다.

제13회 O·P·C 총회

하나님께 대한 공적인 예배에서
부를 수 있는 노래에 관계된
우리의 표준의 가르침에 관한
제13회 총회에 제출된
예배에서의 노래에 관한 위원회의 보고서[4]

[본] 위원회는 할당된 임무를 수행하기 위해 부지런히 고심해 왔다. 아울러 그러한 작업을 완료하는 대에 도움을 주기 위해 광범위한 자료들을 수집하고 부분적인 보고서를 준비했다.

A. 예배의 규정적 원리에 관계되는 하위 표준들의 가르침

예배의 규정적인 원리the regulative principle로서 빈번하게 불리는 우리의 하위 표준들 가운데에 분명하게 표현된 원리가 있다. "규정적"이라는 단어 안에는 적절성이 있는데, 왜냐하면 다음과 같은 질문을 다루는 것이 원리이기 때문이다. 즉, 우리는 어떤 방법 혹은 방법들로 하나님을 예배해야 하는가? 하나님께 대한 예배를 구성하는 참되고 수용할 수 있는 요소는 무엇인가? 우리가 하나님을 경배하는

---

4)   1946년 제13회 정통장로교회 총회 회의록 가운데서 일부를 발췌하여 번역한 것이다.

방식이 하나님께 받아들여질 수 있다는 것을 어떻게 알 수 있는가?
하는 것이다.

아주 구체적이고 역사적으로 말하자면, 기독교 교회들 안에서는 이
러한 질문에 대해 명확하게 정의된 답이 적어도 두 가지 있다. 그 중
하나는 로마 교회의 그것인데, 원칙적으로 루터교회Lutherans와 성
공회Episcopalians가 따르는 것인즉, 말씀에서 금지되지 않은 방식으
로 하나님을 예배하는 것이 합당하다는 것이다. 그리고 이와는 대조
적인 또 다른 대답이 있은즉, 하나님은 말씀에서 제정되고, 규정 혹
은 명령된 방식으로만 예배를 받으신다는 것이다. 그 대조는 명백하
다. 하나는 금지되지 않은 것은 허용되었다는 것[5]이며, 다른 하나는
규정되지 않은 것은 금지되었다는 것[6]이다.

이러한 질문과 관련하여 규정적인 원리the regulative principle를 이해
해야한다. 이것이 그러한 교파들에 대하여 권리a right를 가지고 있다
는 것은 분명히 인정될 것이다. 우리의 표준들에 따르는 이하의 조사
는 규정적 원리가 위에서 언급한 질문에 대한 답으로 명확하게 선언
되고 정확히 공식화되었음을 보여준다.

I. 이 질문에 관한 하위 표준들의 첫 번째 진술은 [웨스트민스터] 신앙고

---

5)   로마 교회, 루터교회와 성공회가 따르는 예배에 있어서의 '규범적 원리'the
normative principle.

6)   장로교회가 따르는 예배에 있어서의 '규정적 원리'the regulative principle.

백 제1장, 6항, 즉 "우리는 하나님께 드리는 예배와 교회정치에 관하여 인간의 활동이나 사회에 공통적으로 흔히 볼 수 있는 어떤 상황들이 있으며, 그 상황들은 언제나 준수되어야 하는 말씀의 일반적인 규칙들을 기준으로 하여, 자연의 빛과 그리스도인의 사려있는 분별에 의해 규제되어야 한다."는 것이다.

이 진술에 관해서는, 다음과 같은 교리, [즉] "하나님 자신의 영광, 인간의 구원, 신앙과 생활에 필요한 모든 것들에 관한 하나님께 대한 모든 사려whole counsel는 성경 안에 명백히 기록되어 있거나, 근거가 확실하고 필연적인 추론을 통해 성경에서 이끌어낼 수 있다. 그러므로 성령의 새로운 계시에 의해서든, 사람들의 전통에 의해서든 어느 때라도 성경에 어떤 것도 더해질 수 없다"는 것에 관하여 이루어진 두 가지 승인들 중 하나라는 점에 유의해야 한다. 우리는 이제 방금 인용한 성경의 충분성에 대한 교리에 따른 예배에 관한 위의 승인acknowledgment의 중요성에 관심이 있다. 예배에 적용되는 이 섹션의 가르침은 다음과 같이 진행된다. "필연적인 모든 것들에 관한 하나님의 완전한 권고"가 하나님께 대한 예배를 위해 "성경에 분명하게 명시되어 있거나, 혹은 선하고 필연적인 결과에 의해 성경으로부터 추론될 수 있다." 그 외에도 "하나님께 드리는 예배에 관하여……어떤 상황들이 있으며, 그 상황들은 언제나 준수되어야 하는 말씀의 일반적인 규칙들을 기준으로 하여, 자연의 빛과 그리스도인의 사려있는 분별에 의해 규제되어야 한다." 우리는 이제 이 진술을 해석할 수 있다.

1. 언급된 예외exception는 예배의 상황에만 적용된다. 그것은 예배의 어떤 실질적인 부분part이나 요소element에는 적용될 수 없다. 그것은 예배 그 자체에 들어가는 어떤 것에도 적용될 수 없으며, 다만 예배가 주어지거나 행해지는 특정한 조건에만 적용된다.

2. 언급된 예외는 일부의 상황에만 적용된다. 이 제한의 효과는 성경에 명시적으로 규정된 예배의 상황이 있거나 성경에서 선하고 필요한 결과를 추론할 수 있도록 허용하는 것이다.

3. 명시된 예외들은 인간 행위와 사회에 공적인 일부 상황에 맞도록 정해진다. 그러므로 그것은 예배에 대해 독특하지 않은 상황이다. 예를 들어, 시간과 장소의 상황과 같은 것들이다. 그것에는 규칙order과 예배의 범위length of service도 포함될 수 있는데, 왜냐하면 인간사회가 언급되었기 때문에 우리가 이와 관련하여 그러한 사회의 모임을 생각하는 것이 당연하기 때문이다. "인간의 활동이나 사회에……어떤 상황들"이라는 신앙고백의 이 절의 분명한 의미는 모든 것이 그 범주에 속하지 않는다는 것이다. "성경에 분명하게 명시되어 있거나, 혹은 선하고 필연적인 결과에 의해 성경으로부터 추론될 수 있다." 다시 말해, 예배의 모든 내용을 위해 성경의 권위가 필요하다. 우리가 지니고 있는 성경의 권위는 성경에 명시하여 규정되어 있는 것 또는 선하고 필연적인 결과에 의해 그것으로부터 추론될 수 있으며 그 반대의 경우도 마찬가지라는 것이다.

Ⅱ. [웨스트민스터] 신앙고백 제20장 2항에 있는 질문에 관계된 하위 표준들의 다음 진술은 "하나님만이 양심the conscience의 주인이시며, 따라서 믿음의 문제이건 예배의 문제이건 어떤 것에서든 하나님의 말씀에 반하거나 벗어난 사람의 가르침이나 명령에 양심을 얽매이지 않게 하셨다."는 것이다. 이는 물론 예배의 규정적 원리를 명시적으로 규정하지는 않지만, 그것과 밀접한 관계가 있는 어떤 것을 가르친다. 신앙뿐만 아니라 예배의 문제에서 양심은 말씀에 반하는 것뿐만 아니라 그 외의 것에서도 자유롭다. 다시 말해, 예배의 문제에서 양심은 명시적 진술이나 선하고 필요한 결과에 의해 가르침을 받거나 말씀에서 명령되지 않는 한 어떤 것에 의해서도 구속되지 않는다. 말씀의 진술에 어긋나는 것은 무엇이든지 양심에 대하여 아무런 권위도 없는 것이다. 예배에 있어서 양심을 위한 법law for the conscience은 성경이 승인한 것뿐이다.

이 항은 기독교인이 성경에서 가르치지 않거나 성경에서 인정하지 않는 방식으로 하나님을 예배할 자유가 있는지에 대한 질문을 반영하지 않는다. 이러한 질문을 도입하는 것은 이 항의 목적과 범위를 벗어나는 것이다. 하지만, 이 항은 그리스도인이 성경의 가르침 외에 다른 방식으로 예배할 자유가 있음을 말하거나 암시하지 않는다는 점에 주의해야만 한다. 이 항에서 말하려는 것은 예배의 문제에서 말씀 밖에 있는 모든 것들로부터 양심이 자유롭다는 것으로, 그것은 양심이 말씀 밖에 있는 것들을 자유롭게 사용할 수 있다고 말하지 않는다.

이 항은 반면에, 양심으로 말씀 밖에 있는 어떤 것들을 예배에 포함 시키려는 것은 진정한 양심의 자유를 배반하는 것이라고 단호히 말 한다. 그 항에 대해 계속해서 말하자면, "그러므로 양심 때문에 그런 가르침을 믿거나 그런 명령에 복종하는 것은 양심의 참 자유를 저버 리는 것이다." 그렇다면 양심에서 나올 수 있는 유일한 예배는, 성경 에 의해 승인된 예배, 말하자면 말씀 밖에 있는 예배가 아니라 말씀 안에서 인정을 받은 예배인 것이다.

뿐만 아니라 말씀과 동떨어진 문제에서는 예배와 신앙이 같은 수준 에 놓이는 것을 살펴보아야 한다. [웨스트민스터] 신앙고백의 가르침 안 에서, 우리는 말씀 외에 있는 것을 우리의 믿음에 통합할 자유를 인 정받았는가? 하는 것과 같은 질문을 하는 것이 적절하다. [그러나] 우 리에게는 그렇지 않은 것처럼 보일 수 있을 것이다. 만일에 그렇다 면, 우리는 최소한, [웨스트민스터] 신앙고백이 심지어 이 항의 자구들 에서도, 예배에 적용하는 것과 같은 원리를 내포한다고 가정하는 것 이 정당하지 않겠는가?

Ⅲ. [웨스트민스터] 신앙고백 제21장 1항에, 예배의 규정적 원리가 명백 하고 분명하게 공식화되어 있다. 그것은 말하기를, "하나님께서 친히 자신이 기쁘게 받으실 만한 참으로 하나님을 예배하는 방법을 제정 하시고 그 결과로서 그 방법을 자신의 계시된 뜻으로 제한하셨으므 로, 사람들이 만들어낸 상상의 산물이나 사탄이 제안한 바에 따라서, 어떤 눈에 보이는 상상물 아래서나, 혹은 성경에 규정되지 않은 어떤

다른 방식으로 하나님을 예배해서는 안 된다."고 했다.

이 항과 관련해서는 다음과 같은 요점들이 있다.

1. 그것은 하나님께 대한 모든 예배에 적용되는 원칙인, 모든 예배의 규정적 원리를 명백히 선언한다. 이러한 원리는 하나님은 말씀에서 규정되고, 제정, 또는 계시된 방식 혹은 방식들 가운데서만 경배되어야 할 것이라는 것이다.

2. [웨스트민스터] 신앙고백서에서 선언된 예배의 규정적 원리는 하나님께서는 그 분의 말씀에 규정된 방식으로서만 예배될 수 있는 것임을 다음과 같은 고려 사항들로부터 매우 분명히 한다.

(a) 신앙고백서는 이르기를 "하나님께서 친히 자신이 기쁘게 받으실 만한 참된 하나님을 예배하는 방법을 제정하셨다"고 했는데, 다만 "제정"은 명확해야 하고 인간의 발명이나 상상에 맡겨서는 안 된다.

(b) 허용되는 방법은 "그 자신의 계시된 뜻에 의해 제한되는 것"이며, 참된 예배는 그러므로 하나님께서 받아들이실 수 있다고 계시하신 범위 안에서 행해진다. 분명히 하건대, 만일에 우리가 성경이 결정하지 않는 태도나 방식으로 하나님을 예배한다면 우리의 예배는 그러한 범위 안에 있을 수 없으며, 그러므로 신앙고백의 자구 안에서 용납할 수 없다.

(c) 신앙고백은 부정적이고 배타적일 뿐만 아니라 긍정적이다. 하나님은 "사람들이 만들어낸 상상의 산물이나 사탄이 제안한 바에 따라서, 어떤 눈에 보이는 상상물 아래서나, 혹은 성경에 규정되지 않은 어떤 다른 방식으로 하나님을 예배해서는 안 된다." 이것은 이전 조항에서 언급한 제한의 범위를 규정하거나, 혹은 상기한 한도로부터 흘러나온 결과라고 생각될 수 있을 것이다. 이것은 상당히 제한적이어서 후속되는 것을 배제한다.

이 항의 후반부에 대해서도 한마디 해야만 한다. 끝부분에 대해 우리는 대안을 가지고 있는데 "사람들이 만들어낸 상상의 산물이나 사탄이 제안한 바에 따라서 예배되면 안 된다."는 문장의 바로 앞부분, 즉 "어떤 눈에 보이는 상상물 아래서" 그리고 "성경에 규정되지 않은 어떤 다른 방식"이라는 양자 모두에 적용된다. 그런즉 "사람들이 만들어낸 상상의 산물이나 사탄이 제안한 바에 따라서, 어떤 눈에 보이는 상상물 아래서나, 혹은 성경에 규정되지 않은 어떤 다른 방식으로 하나님을 예배해서는 안 된다."는 그 구문은 하나님께서 내리신 결론으로서, 앞선 부정에 의해 인간의 상상력의 장치와 사탄의 제안은 하나님에 대한 예배를 시각화하는 방향으로 그들의 독창성을 발휘하는데 있어서 어떠한 관용도 주어지지 않는다. [웨스트민스터] 신앙고백서는 이러한 부패에 대해 특별히 언급할 필요성을 느꼈던 것 같다. 후자의 부정에는 거룩한 성경에 규정되지 않은 모든 방법은 제외된다는 가장 분명한 진술이 있으며, 그리고 이는 성경에 있는 신적인 규정divine prescription을 주장할 수 없는 어떤 특정한 예배의 요소도 금지됨을 의미한다. 더욱 긍정적으로 말하자면, 하나님께서는 오직 성경에 규정된 방식으로만 예배를 받으신다.

IV. 대교리문답, 108문[7]과 109문[8], 그리고 소교리문답, 50문[9] 및 51문[10]은 우리가 이미 고백에서 찾은 것들과 동일한 원리를 분명하게

---

7)   L·C 제108문: 제2계명이 요구하는 의무는 무엇입니까? 답: 제2계명이 요구하는 의무는, 하나님께서 자신의 말씀으로 제정하신 종교적 경배와 규례들을 모두 받아들이고, 준수하며, 온전하고 순수하게 지키는 일이며, 특히 그리스도의 이름으로 기도하고 감사하며, 하나님의 말씀을 읽고, 설교하고, 듣는 일입니다. 그리고 성례를 집례하는 것과 받는 것, 교회 정치와 권징, 목회직과 그 직분의 유지, 종교적 금식, 하나님의 이름으로 맹세하는 것과 하나님께 서원하는 일입니다. 더욱이 모든 거짓된 경배가 불가하다고 하는 것과 [거짓된 경배를] 혐오하는 것과 반대하는 것입니다. 마지막으로 각자 자신의 형편과 소명에 따라 거짓된 숭배와 우상을 기념하는 모든 물건들을 제거하는 일입니다.

8)   제109문: 제2계명이 금지하는 죄는 무엇입니까?
답: 제2계명에서 금지하는 죄는, 하나님께서 친히 제정하시지 않은 어떠한 종교적 예배를 고안하고 권장하며, 명령하고 사용하며, 그리고 어떤 방식으로든 좋다고 인정하는 모든 일들이며, 거짓 종교를 관대하게 다루는 것이며, 세 위격을 모두 표상하거나 어느 한 위격을 표상하든지, 내적으로 우리 마음속으로 표상하거나 외적으로 어떠한 피조물이라도 그 피조물의 어떤 종류의 형상이나 모양으로 표상하든지 하나님에 대해서 어떤 표상하는 것을 만드는 일이며, 그 표상하는 것을 숭배하거나, 그것 앞에서나 그것으로 하나님을 숭배하는 모든 일입니다. 그리고 꾸며낸 신성들을 어떤 표상으로 만들어서 그 신성들을 숭배하거나 또는 그 신성들에 속한 것을 섬기는 모든 일이며, 고대성, 관습, 헌납, 또는 선한 의도라는 명목으로 내세우거나 그 어떤 구실을 댈지라도, 우리 스스로 창안하여 채택된 것이든, 전통을 통해 다른 사람들에게서 받은 것이든, 하나님의 경배를 부패시키고, 그에 더하여 거기에서 제외시키는 모든 미신적 창안물들이며, 성직을 매매하는 일이며, 신성한 것을 도둑질하는 일이며, 하나님께서 정하신 예배와 규례들을 무시하고, 멸시하며, 방해하고, 반대하는 모든 일들입니다.

9)   S·C 제50문: 제2계명에서는 무엇을 요구합니까?
답: 제2계명은 하나님께서 자신의 말씀 안에서 규정하신 모든 종교적 예배와 규례를 받아들이고, 준수하며, 전체적으로 순수하게 계속하여 지키기를 요구합니다.

10)   제51문: 제2계명이 금지하는 것은 무엇입니까?

밝히고 있다. 그것은 두 교리문답 모두에서 긍정적으로 그리고 부정적으로 양자 모두에서 인정되는 것이다. 우리는 배제exclusion의 원리와 마찬가지로 포함inclusion의 원리에도 주목하는 것이 아주 중요하다는 것을 알게 될 것이다.

대교리문답 제108문은 이르기를, "제2계명이 요구하는 의무는 하나님께서 자신의 말씀으로 제정하신 종교적 예배와 규례들을 모두 받아들이고, 준수하며, 온전하고 순수하게 지키는 일"이라고 했다. 그리고 소교리문답 제50문은 이르기를, "제2계명은 하나님께서 자신의 말씀 안에서 규정하신 모든 종교적 예배와 규례를 받아들이고, 준수하며, 온전하고 순수하게 계속하여 지키기를 요구"한다고 했다. 논쟁의 여지가 있기는 하지만 이러한 긍정적인 진술은, 비록 하나님의 말씀 안에 제정된 하나님께 대한 예배를 명하는 것 같으며, 말씀 안에 제정되지 않은 방식들로 하나님을 예배하는 것의 정당성을 엄격히 배제한다. 여기에서 109문과 51문 각각의 교리문답에서 공식화된 배제의 원리the principle of exclusion의 효과가 명백해진다. 대교리문답은 109문에서 기록하기를, "제2계명에서 금지하는 죄는, 하나님께서 친히 제정하시지 않은 어떠한 종교적 예배를 고안하고 권장하며, 명령하고 사용하며, 그리고 어떤 방식으로든 좋다고 인정하는 모든 일들이며," 또한 소교리문답 51문은, "제2계명은 형상으로나, 하나님의 말씀에서 규정하지 않은 다른 어떤 방법으로 하나님을 경배하

답: 제2계명은 형상으로나, 하나님의 말씀에서 규정하지 않은 다른 어떤 방법으로 하나님을 경배하는 것을 금지합니다.

는 것을 금지"한다고 했다.

승인되고 명해진 예배는 말씀에서 제정되거나 지정된 것이며, 말씀 안에서 제정되지 않은 모든 종교적 예배 또는 하나님을 경배하는 방법은 대교리문답 108문의 어법에서 말한 "거짓된 숭배"로서, 그러므로 옳지 않은 것으로 특징지어질 것이라고 말하는 것 외에 추가적인 관찰은 불필요해 보이는데, 혐오되고 반대되며, 또한 각자 자신의 형편과 소명에 따라 제거될 뿐이다.

V. 이제 정통장로교회의 제6회 총회[11]에 의해 채택한 "하나님께 대한 공적인 예배를 위한 예배모범The Directory"과 함께 처리해야 할 것이 남았다. 한 편으로는 신앙고백, 그리고 대교리문답과 소교리문답, 또한 다른 한 편으로는 치리, 권징, 예배의 표준들 사이에는 분명한 차이가 있다. 헌법the constitution 안에서 전자는 후자보다 더 높은 위치에 있으며, 전자가 신청의 방식에 있어서 분명하게 언급되었으므로, 후자는 그렇게 언급되지 않았지만, 일부의 방식에 있어서는 필연적으로 교회의 정치와 치리의 승인이 요구된다.

"예배모범"Directory은 "하나님께 대한 공적인 예배를 위한 규칙서" 그리고 이미 다루었던 신앙고백과 교리문답의 진술보다 그 범위가 더욱 제한적이라는 것을 살펴보아야 한다.

---

11)   1936년 5월 10일 수요일에, 필라델피아의 체스턴 힐Chestnut Hill에 있는 웨스트민스터 신학교Westminster Theological Seminary의 강당에서, 데이비슨K. Davison을 총회의 의장Moderator으로 하여 시작한 총회.

그러나 "예배모범"의 관련 항목들에 대해서는 간략하게 설명할 수 있다.

예배모범의 2장 1항[12]은 이르기를, "성경은 믿음과 실천에 대한 유일한 절대적인 규칙이기 때문에, 공적 예배의 원리는 성경에서 파생되어야 하며 다른 출처에서 파생되지 않아야 한다."고 했는데, 이어지는 항목들에서는 이러한 원리들 중 일부가 공식화된다. 신앙고백과 교리문답에서 발견되는 예배의 규정적 원리는 공식화되지 않았으며, 그리고 그것을 단언하거나affirming 거절하는denying 명백한 진술도 없다.[13]

그러나 [이에 대해] 몇 가지를 언급할 수 있을 것이다.

1. 위에서 인용한 [예배모범] 2장 1항은 다음과 같이 말한다. "공적 예배의 원리는 성경에서 파생되어야 하며 다른 출처에서 파생되지 않아야 한다." 예배의 규정적 원리가 공적 예배에 적용되어 있으며, 또한 그러한 원리가 신앙고백과 교리문답에 명시되어 있기 때문에, 이는 "예배모범"이 말하는 원리의 하나여야만 하며 다른 출처에서 파생되지 않아야 한다. 또한 이것은 "예배모범"에 따르면 규정적 원리를

---

12) 이러한 예배모범의 장과 항의 분류는, 웨스트민스터 예배모범이 아니라 O·P·C 제6회 총회에서 채택한 별도의 본문으로 사료된다.
13) O·P·C 6회 총회에서 채택한 별도의 본문이 지니는 문제를 지적하는 것으로 보인다.

하나님의 말씀으로 가르쳐야만 한다는 것을 의미한다. 이 가르침이 무엇인지를 "예배모범" 자체가 말하지는 않는다.

2. 예배모범은 2장 7항 가운데서 이르기를, "주 예수 그리스도께서는 공적인 예배를 위해 고정된 형태를 규정하지는 않으셨지만, 예배의 생명과 능력을 위해 그의 교회에 이 문제에 대해 많은 자유a large measure of liberty를 주셨다. 그러나 하나님의 말씀의 규칙을 지키고 주님의 영이 계시는 곳에 참된 자유가 있으며, 모든 것이 적절하고 질서 있게 이루어져야만 한다는 것과, 하나님의 사람들은 경건함과 거룩함의 아름다움으로 그 분을 섬겨야한다는 것을 잊지 말아야 한다."고 했다. "많은 자유"a large measure of liberty라는 그 문구는, 이미 다루어졌던 것과는 다른 원리를 표현하는 것을 호소하는 것이 가능하다. 신앙고백과 교리문답에서 가르친 대로, 더욱이 그것은 "예배모범"의 작성자들에 의해 어떠한 방식이 의도되었을 가능성이 있는데, 그러한 논쟁이나 의도와 관련해서는 두 가지의 것들을 말해야만 한다.

(a). "많은 자유"라는 문장은 "공적인 예배를 위한 형식"을 가리키는 것이다. 그것은 "형식"이 신앙고백과 교리문답에 명시된 규정적 원리의 범위 안에 있는 것과는 다른 것을 지칭한다고 보는 것이 전적으로 타당하다. 확실히 이 부분은 웨스트민스터 표준문서들Westminster Standards의 작성자들이 일관되게 반대하는 고정된 예식서 형식fixed liturgical forms의 종류를 언급하는 것으로 해석되어야한다. 적어도

신앙고백과 교리문답의 규정적 원리는 이 절에서 표현된 것과 같은 고정된 형식fixed forms에 대한 부정과 조금도 모순되지 않는다고 말할 수 있다.

(b). 이 항에 따르면 "하나님의 말씀의 규칙" 안에서 많은 자유를 행사해야 한다. 따라서 그것은 제한이 없는 자유가 아니며, 그러므로 규정적 원리가 하나님의 말씀의 원리라면, 자유는 그러한 규정적 원리 혹은 규칙 안에서, 그리고 그 원리와 적합하게 행사되어야만 한다.

(c). 설령 "많은 자유"라는 그 구절이 있다고 해도, 그것은 신앙고백과 교리문답 안에 선언된 것과는 다른 원리를 표현하기 위한 것으로 의도되지 않았으며, 이러한 문구의 발생은 다른 표준들의 명백하고 분명한 진술들을 폐기하는 효과를 가질 수는 없는 것이다.

B. 하나님께 대한 공적인 예배에서 부를 수 있는 노래에 대한 우리의 하위 표준들Subordinate Standards에 관한 가르침

우리가 찾을 수 있는 한, [웨스트민스터] 신앙고백과 교리문답 가운데서 하나님께 대한 예배 가운데 사용되는 노래의 자료에 대한 명시적인 언급이 있는 유일한 곳은 신앙고백서 제21장 5항[14]이다. "경건한 예배와 안식일"이라는 제목의 이 장에서의 가르침은 비록 그것을 포함한다 할지라도, 공적인 예배에만 한정되지 않는다. 다른 연구에서 이미 발견된 바와 같이, 이 장은 모든 예배의 규정적 원리를 1항에서 설명한다.[15] 2항과 마찬가지로 1항의 첫 번째 부분에서 몇 가지 다른 예배의 원리들이 공식화 된다.[16] 3항, 4항 및 5항에서는 예배의 일부분들이 열거된다. [그리고] 이들에 관련하여 "마음 안에 은혜와 더불어 시편을 부르는 것"이 "통상적이고 경건한 하나님께 대한 예배"의 한 부분으로 언급된다. 이는 "감사함과 함께 기도함", "경건한 경외심과 더불어 성경을 읽는 것", "말씀의 건전한 설교와 합당하게 들음",

---

14)   경건한 두려움으로 성경을 읽는 것, 올바른 설교, 하나님께 순종하고자 이해와 믿음과 경외함을 가지고 그 말씀을 양심에 따라 듣는 것, 마음에서 감사함으로 시편을 노래하는 것, 그리고 그리스도께서 제정하신 성례를 합당하게 집행하고 합당하게 받는 것은 하나님께 드리는 통상적인 경건한 예배의 모든 요소들이다….

15)   특히 "하나님께서 친히 자신이 기쁘게 받으실 만한 참 하나님을 예배하는 방법을 제정하시고 그 결과로서 그 방법을 자신의 계시된 뜻으로 제한하셨으므로"라는 문구에서.

16)   특히 "사람이 지혜로 만들어낸 상상의 산물이나 사탄이 제안한 것에 따라서, 어떤 눈에 보이는 조상으로나 성경에 규정되지 않은 어떤 다른 방식으로 하나님을 예배하면 안 된다."는 문구에서.

그리고 "그리스도에 의해 제정된 성례를 합당한 시행하는 것과 합당하게 받는 것"과 더불어 조화를 이룬다. 하나님께 대한 통상적인 종교적 예배는 "종교적 맹세, 서약, 엄숙한 금식, 감사"와 같은 "특별한 때"에 드리는 예배들로부터 구별된다.

신앙고백에 관련해서, 노래하는 것은 하나님을 향한 통상적인 종교적 예배의 한 부분이다. 명백한 함축에 의해 그것은 하나님께 대한 통상적인 공적 예배의 일부분인 것이다. 그러한 노래에 사용되는 자료는 "시편"이다. 다시 말하자면, 노래하는 것으로 구성된 예배의 그 부분에 있어서, 그것의 구성에 대한 규정은 "시편을 노래하는 것"이며, 단지 노래하는 것이나, 단지 하나님을 찬양하는 노래를 하는 것이나, 단지 마음 가운데서 은혜로 노래하는 것을 일컫는 것이 아니라, 다만 "시편을 노래하는 것"이다. 예배에 있어 노래하는 부분은 "시편을 노래하는 것"이다. 그러므로 신앙고백서는 하나님을 예배함에 있어 "시편" 이외의 다른 노래하는 자료들의 사용을 규정하지 않는다.

웨스트민스터 신앙고백에 있는 증거본문은 골 3:16[17]; 엡 5:19[18]; 렘 5:13절[19]이다. 미국 장로교회the Presbyterian Church in the U. S. A.의

---

17) "그리스도의 말씀이 너희 속에 풍성히 거하여 모든 지혜로 피차 가르치며 권면하고 시와 찬미와 신령한 노래를 부르며 감사하는 마음으로 하나님을 찬양하고"
18) "시와 찬미와 신령한 노래들로 서로 화답하며 너희의 마음으로 주께 노래하며 찬송하며"
19) "선지자들은 바람이라 말씀이 그들의 속에 있지 아니한즉 그같이 그들이 당하리라 하느니라."

신앙고백서에 제시된 증거본문은 이 세 가지와 더불어서 행 16:25절 [20]을 추가했다.

정통장로교회의 "하나님께 대한 공적 예배를 위한 예배모범"은 3장에서 이 문제를 다루고 있으며 제목은 "공적 예배의 보통의 부분들 the Usual Parts에 관하여"이다. 6항은 "회중으로 노래하는 것"에 대해 다룬다. 또한 그것은 공적인 예배의 일부분임을 암시하며, 다른 항들 안에서 말한 다른 부분들과 조정된다. 이 항에 뒤따라 발생하는 것은, "시편의 운율적 설명들The metrical versions은 하나님의 말씀을 기초로 하기 때문에, 공적인 예배에서 자주 사용되어야 한다. 노래의 모든 자료들이 성경의 가르침과 완벽하게 일치하도록 세심한 주의를 기울여야한다"는 것이다.

의심의 여지가 없지만 "예배모범"에 언급된 "시편"은 시편서the book of Psalms다. 이와 관련해서 운율적 설명들은 하나님의 말씀을 기초로 하기 때문에, 공적인 예배에서 자주 사용되어야 한다. 그러한 맥락은 그것들이 회중으로 노래하는 것의 자료로 자주 사용되어야 한다는 것임을 분명히 한다. 그런즉 예배모범의 이 문장에 관한 몇 가지 관찰사항들이 명해져 있다.

---

20) "한밤중에 바울과 실라가 기도하고 하나님을 찬송하매 죄수들이 듣더라."

(1). 운율적 설명들은 하나님의 말씀으로 불리지는 않는다. 오히려 그것들은 하나님의 말씀에 기반을 둔다고 말하고 있다.

(2). "예배 모범"에 따르면, 이러한 운율적 설명들은, "자주" 사용해야 한다. [그러나] 시편의 이러한 운율적인 설명의 노래에 "회중으로 노래하는 것"이 포함되어 있는지는 명백하게 언급되지 않았다. [따라서] 그러한 중요성의 인지를 생략하는 것은, "자주"라는 단어의 사용과 더불어, 예배모범에 관한한 시편의 운율적 설명과는 다르게 노래하는 자료들의 타당성을 인정하는 것이라 말할 수 있다. 이러한 해석은 다음의 문장 즉, "노래의 모든 자료들이 성경의 가르치는 것과 완벽하게 일치하도록 세심한 주의를 기울여야 한다."는 것과 같은 문장의 지지를 호소할 수 있다. "노래의 모든 자료들"이라는 문구는 시편의 운율적 설명들과는 다른 자료들을 허용하게 만들고, 후자[21]는 노래의 자료들의 일부일 뿐이라고 주장 할 수 있다. [그런즉] 이 해석에 대한 추가적인 지지는 "성경의 가르침과 완벽하게 일치하도록"이라는 구절에서 도출될 수 있을 것이다. 이 시편들은 하나님의 말씀이며 운율적 설명들이 곧바로 그것 위에 기초하기 때문에, 이후로 시편의 운율적 설명들과 관련하여서 이러한 경고를 발생시킬 필요는 거의 없어 보인다.

(3). 그러나 예배모범의 이러한 항목은 "시편의 운율적 설명들"이라

---

21) "시편의 운율적 설명들과는 다른 자료들"을 지칭.

불리는 것 이외의 어떤 다른 자료들을 회중으로 노래하는 데에 사용하는 것을 명시적으로 승인하지는 않으나, 그것을 위해 허용하는 것처럼 보인다는 데에 유의해야만 한다.

(4). "하나님께 대한 공적 예배를 위한 예배모범" 4장의, C조, 3항은, "그 다음에는 시psalm 혹은 찬미hymn를 불러야 하며, 그리고 회중은 다음과 같은 축복과 함께 해산되었다"고 했다. 이것은 성찬 시행the communion service의 종결과 관련이 있다.

성경의 언어 가운데서 "시"psalm와 "찬미"hymn라는 단어들은 같은 뜻으로 사용될 수 있기 때문에, 이러한 진술이 하나님을 공적으로 예배할 때에 시편 이외의 신령한 노래들sacred songs의 사용을 뒷받침한다는 것은 교리적으로 확인할 수 없다.

그러나 성경의 언어에 있어서 "찬미"hymn라는 단어가 시편과 관련하여 사용될 수 있지만, 그럼에도 이 문장의 진술에서 "찬미"라는 단어는 아마도 시편이 아닌 신령한 노래를 지칭하는 것으로 받아들여야 할 것이다. 그러므로 여기서 예배모범은 하나님께 대한 공적인 예배에서 시편 이외의 신령한 노래를 부르는 것을 규정할 수 있을 것이다. [그리고] 여기서는 그 규정하는 것이 성찬 시행의 종결에 국한된다. 그러나 성찬 시행의 종결은 다른 어떤 부분과 마찬가지로 하나님께 대한 예배에 있어 필수적인 부분으로서, 이러한 해석에 대해 "예배모범"은 여기에서 규정을 위한 원리를 이룬다고 말할 수 있을 것이며, 그리고 하나님께 대한 공적인 예배에서 시편 이외의 자료들로 노래하는 것의 타당성을 진술하고 있다.

C. 예배의 규정적 원리에 관한 하나님의 말씀의 가르침

성경은 모든 신앙과 실천에 있어서 우리에게 권위 있고 충분한 규칙이다. 예배에서 우리는 그것들이 우리에게 명하는 원리principles, 규정regulations, 그리고 법령ordinances들을, 또한 그러한 원칙, 규정 및 법령들만을 준수해야한다. 그것들이 규정하지 않은 것은 우리가 지켜서는 안 된다. 제2계명(출 20:4-6; 신 5:8-10)은[22] 이러한 원리를 엄격히 선언한다. 이 계명은 대교리문답 108문 "하나님께서 자신의 말씀으로 제정하신 종교적 예배와 규례들을 모두 받아들이고, 순수하고, 온전하게 지키는 것…"[이라는 문구] 가운데서, 다른 의무들 중 하나로 요구되는 것으로서 올바르게 해석된다. [아울러] 대교리문답, 109문 "하나님께서 친히 제정하시지 않은 어떠한 종교적 예배를 고

---

22) "너를 위하여 새긴 우상을 만들지 말고 또 위로 하늘에 있는 것이나 아래로 땅에 있는 것이나 땅 아래 물 속에 있는 것의 어떤 형상도 만들지 말며, 그것들에게 절하지 말며 그것들을 섬기지 말라 나 네 하나님 여호와는 질투하는 하나님인즉 나를 미워하는 자의 죄를 갚되 아버지로부터 아들에게로 삼사 대까지 이르게 하거니와, 나를 사랑하고 내 계명을 지키는 자에게는 천 대까지 은혜를 베푸느니라." 출 20:4-6; "너는 자기를 위하여 새긴 우상을 만들지 말고 위로 하늘에 있는 것이나 아래로 땅에 있는 것이나 땅밑 물 속에 있는 것의 어떤 형상도 만들지 말며, 그것들에게 절하지 말며 그것들을 섬기지 말라 나 네 하나님 여호와는 질투하는 하나님인즉 나를 미워하는 자의 죄를 갚되 아버지로부터 아들에게로 삼사 대까지 이르게 하거니와, 나를 사랑하고 내 계명을 지키는 자에게는 천 대까지 은혜를 베푸느니라." 신 5:8-10절.

안하고 권장하며, 명령하고 사용하며, 그리고 어떤 방식으로든 좋다
고 인정하는 모든 일들이며……모든 미신적 창안물들이며, 성직을
매매하는 일이며, 신성한 것을 도둑질하는 일이며, 하나님께서 정하
신 예배와 규례들을 무시하고, 멸시하며, 방해하고, 반대하는 모든
일들입니다.”[라는 문구] 가운데서, 다른 죄들과 더불어 금지하는 것
또한 타당한 것이다. 예배와 관련된 모세의 계명 “내가 너희에게 명
령하는 말을 너희는 가감하지 말고 내가 너희에게 내리는 너희 하나
님 여호와의 명령을 지키라”(신 4:2절, 또한 신 12:32절을 보라)[23]. [그리고]
바리새인들에 대한 우리 주님의 정죄는 분명 관련이 있다(막 7 :5-8,
또한 골 2:20-23절을 보라)[24].

가장 순수한 영이시고 완전한 주권자이신 하나님만이 오직 유일한
예배의 대상이시다. 그것의 근원으로서 그분으로부터 오지 않은 것

---

23) “내가 너희에게 명령하는 말을 너희는 가감하지 말고 내가 너희에게 내리는 너
희 하나님 여호와의 명령을 지키라.” 신 4:2; “내가 너희에게 명령하는 이 모든 말을
너희는 지켜 행하고 그것에 가감하지 말지니라.” 신 12:32절
24) “이에 바리새인들과 서기관들이 예수께 묻되 어찌하여 당신의 제자들은 장로들
의 전통을 준행하지 아니하고 부정한 손으로 떡을 먹나이까. 이르시되 이사야가 너희
외식하는 자에 대하여 잘 예언하였도다 기록하였으되 이 백성이 입술로는 나를 공경
하되 마음은 내게서 멀도다. 사람의 계명으로 교훈을 삼아 가르치니 나를 헛되이 경
배하는도다 하였느니라. 너희가 하나님의 계명은 버리고 사람의 전통을 지키느니라.”
막 7:5-8; “너희가 세상의 초등학문에서 그리스도와 함께 죽었거든 어찌하여 세상에
사는 것과 같이 규례에 순종하느냐. (곧 붙잡지도 말고 맛보지도 말고 만지지도 말라
하는 것이니, 이 모든 것은 한때 쓰이고는 없어지리라) 사람의 명령과 가르침을 따르
느냐. 이런 것들은 자의적 숭배와 겸손과 몸을 괴롭게 하는 데는 지혜 있는 모양이나
오직 육체 따르는 것을 금하는 데는 조금도 유익이 없느니라.” 골 2:20-23절

은 그것의 목적으로서 그 분에게로 온전히 돌아갈 수 없다. 자율적인 인간의 이성reason과 의지will, 감각sense, 감정emotion 및 상상력imagination은 예배의 방법methods 또는 행위acts를 창안할 자격이 없다. 최고의 입법자the supreme Law-giver이신 하나님께서는 그의 예배의 법령들을 제정하시는 특권을 자신을 위해 주장하신다. 그렇다면 어떻게 이 절대적인 주권자의 어떤 주제에서 그가 규정하지 않은 다른 어떤 것을 예배로 바치는 것을 가정할 수 있겠는가? 하나님께서 규정하지 않은 예배를 허락하는 것은 성경에 위배된다. 예배자에 대한 하나님의 대처attitude는 다음과 같은 구절 가운데서 표현된다. "너희가 내 앞에 보이러 오니 이것을 누가 너희에게 요구하였느냐?"(사 1:12절)[25]. 그리고 하나님의 주권을 예리하게 의식하는 예배자의 종교적 태도는 다음과 같은 구절에 표현되어 있다. "내가 무엇을 가지고 여호와 앞에 나아가며 높으신 하나님께 경배할까?"(미 6:6)[26] 영적인 성격the spirituality과 하나님의 주권 사이의 연관성은 두 번째 계명에서도 분명하다. 형상image의 명시적인 금지-이러한 계명 가운데서의 예배는 거짓 예배가 하나님을 영적으로 숭배하는 방식과 일치하지 않는 방식을 고안하는데 있다는 사실에 기초하는 것으로 보인다. "자신이 스스로 만드는 것"은 하나님의 주권적 성격을 표현하는 규정적 원리와 반대되며, 현명한 것들의 유사함likenesses of

---

25) "너희가 내 앞에 보이러 오니 이것을 누가 너희에게 요구하였느냐 내 마당만 밟을 뿐이니라." 사 1:12절
26) "내가 무엇을 가지고 여호와 앞에 나아가며 높으신 하나님께 경배할까 내가 번제물로 일 년 된 송아지를 가지고 그 앞에 나아갈까." 미 6:6절

sensible things은 하나님의 순수한 영적 성격과 반대되는 것이다. 예배 가운데서 주권을 부여받는 하나님의 전적인 권리에 대한 적절한 고려는 예배의 영적인 성격에 대적하는 간음the adulterations에 대한 최고의 보호책the supreme safeguard으로, 예배에 있어서의 하나님의 주권에 관한 특권을 무시하는 것임에 분명하다. 예배의 영적인 성격에 대한 간음인 것이다.

이 원칙을 지켜야할 필요성은 인간의 타락한 상태에 의해 강조된다. 거듭나지 않은 인간의 마음의 전적인 부패와 속임수는 예배의 내용으로 수용될 수 있는 것에 대해 사람들이 판단할 자격을 상실한다. 예배를 위한 정확하고 충분한 지침으로서 부수적인 계시의 필요성은 분명하다. 두 언약 안의 성경의 반복되는 훈계(신 4:9, 15, 23; 12:13, 19, 30; 민 15:39, 40; 고전 11:17, 20, 28, 29)[27]는 예배의 내용에 있어서의 규칙이나 근원을 위하여 거듭난 사람의 의식에서조차 볼 수 있는 허영심과 어리석음을 보여준다.

예배에 관한 많은 직접적이고 구체적인 계명들은 성경 가운데서 우리에게 주어진다. 그러나 예배의 어떤 실행과 그들에게 의무를 세우기 위해 성경이 제공하는 보증은, 오직 계명들을 표명하는 것만이 아

---

27)   특히 민 15:39-40절의 "이 술은 너희가 보고 여호와의 모든 계명을 기억하여 준행하고 너희를 방종하게 하는 자신의 마음과 눈의 욕심을 따라 음행하지 않게 하기 위함이라. 그리하여 너희가 내 모든 계명을 기억하고 행하면 너희의 하나님 앞에 거룩하리라."는 말씀과, 고전 11:29절의 "주의 몸을 분별하지 못하고 먹고 마시는 자는 자기의 죄를 먹고 마시는 것이니라."고 한 구절.

니다. 성경의 명시적인 진술들로부터 선하고 필연적인 결과에 의해 유래하는 것은 성경에 의한 가르침, 승인 또는 보증인 것으로 간주해야 한다. 예컨대, 우리는 유아에게 세례를 베풀라고 하는 명시적 명령은 없지만, 우리가 그 실행을 위한 신적인 보증과 권한의 부여를 지니고 있다고 믿는다. [그러므로] 유아 세례를 거부하는 것은 신적인 법령을 심각하게 위반하는 것이다. [이는] 인가된approved 예에 따라 성경 안에서 승인을 받을 수 있다. 만일 하나님께서 명시적인 명령으로서가 아닌 다른 방법으로 예배의 어떤 요소를 승인하셨다면, 그것은 하나님께서 용인하실만한 것이 무엇인가라는 점에서 우리에게 여전한 계시still a revelation인 것이다.

부분적인 보고서를 제출하는 가운데서, 위원회는 총회가 보고서에 대해 노회와 당회의 주의를 환기시킬 것을 권고하며, 또한 노회와 당회가 제14차 총회 보고서를 신중하게 검토하기 위해서 진지하게 연구할 것을 요청한다.

이는 여전히 그분이 받아들이실만한 것에 대한 계시a revelation이다.

위원회는 이에 대한 논의를 계속할 것을 권고한다.

의장, Robert S. Marsden.

동의에 따라 위원회의 첫 번째 추천이 채택되었다.
동의에 따라 위원회의 두 번째 추천이 채택되었다.

서장Overtures 및 논문에 대한 위원회의 보고서는 본문Texts 및 교정
본문Proof-Texts 위원회에 의해 들을 수 있게 보고한 이후에 곧바로
옮겨져 수거되었다.

본문 및 교정 본문 위원회의 보고서는 위원회의 위원장인 머레이 씨
Mr. Murray가 발표했다.

정통장로교회 제13회 총회에서 발표된 본문 및 교정본문에 대한 위원회의 보고

본문 및 교정본문 위원회는 신앙고백을 위한 교정 본문의 개정에 대한 더 이상의 추가적인 작업을 할 수 없다고 제13회 총회에 정중히 보고한다. 이처럼 부족하게 된 이유는 위원회 위원들이 더욱 긴급한 성격의 다른 작업이 너무 과도하여 이 작업을 계속하기에는 시간과 에너지가 부족했기 때문이다.

정중하게 제출함
의장, John Murray.

사회자Moderator는 Marston 씨에게 의장을 맡길 것을 요청했다. William Young 박사의 이름을 Tichenor 씨의 이름으로 대체하여 본문 및 교정 본문에 대한 위원회를 계속해서 진행하도록 옮겨지고 전달되었다.

사회자가 의장직을 재개했다. 서장Overtures 및 논문Papers에 대한 위원회의 보고서는 위원회의 의장인 Price 씨가 발표했다.

제 14회 O·P·C 총회

하나님께 대한 공적인 예배에 있어서
노래에 대한 제14회
총회의 위원회 보고서[28]

※ 하나님께 대한 공적인 예배에서의 노래에 관한 위원회는 제13차 총회에 보고의 일부를 제출했으며(회의록, 100쪽을 보라), 이로써 보고서를 완결한다. 위원회는 총회에 이 두 부분이 하나의 보고서를 구성하며, 또한 그렇게 취급되어야 함을 상기시키는 바이다.

C. 예배의 규정적 원리the regulative principle에 관한 하나님께 대한 말씀의 가르침(결론).

비록 성경이 하나님께서 그분의 말씀 가운데서 규정하시고, 승인, 제정, 계시, 명령하시는 방법으로서 예배되어야한다고 가르치는 것이 사실일지라도, 또한 예배에 관한 모든 상황들을 성경이 규정하고 있지 않은 것도 사실이다. 또한 이는 신약성경과 구약성경 모두에 적용된다. 그렇지만 신약성경에서는 오순절 성령 강림으로 인해 더욱

---

28)   1947년 정통장로교회 총회 회의록 가운데서 일부를 발췌하여 번역한 것이다.

큰 자유로움이 주어졌기 때문에 구약성경에서보다 더욱 적은 예배의 상황들이 규정되었다. 예컨대, 구약의 시대에는 난지 팔일 만에 할례를 받되, 구체적인 명령에 따라서 받았지만, 유아들의 세례와 같은 중요한 문제에 대해서는 성경에 정확한 때가 정해져 있지 않다는 것에 주목해야한다.

이는 또한 하나님의 말씀이 예배의 내용과 관련하여 어느 정도의 자유를 실행하기 위한 규정을 만들고 있는 것임을 살펴야 한다. 이에 대해서도 역시, 율법 아래 있던 옛 경륜에서의 이스라엘과 율법에서 해방된 신약 교회 사이에는 율법으로부터 제공된 것에 있어서 정도의 차이가 있다. 그럼에도 불구하고 두 경륜에 있어서 성경은 예배의 내용에 있어서의 어느 정도의 자유를 하나님의 백성에게 부여한다. 이에 대한 분명한 예는 기도에서 제공된다. 성경은 우리에게 기도의 문제에 있어서 많은 교수instruction와 명령을 제시해 주며, 참으로 하나님의 말씀 전체가 우리를 기도로 인도하는데 유용하고 우리의 주님께서 우리에게 기도에 있어서의 특별한 명령의 규칙rule of direction을 주셨음에도 불구하고, 우리의 기도에 있어서 특정한 형태의 말씀들을 독점적으로나 변함이 없는 문장의 형태로 고정하여 사용해야할 필요는 없다. 우리는 우리의 기도문prayers 가운데 제한되지 않으니, 예컨대 하나의 기도의 말씀들에, 시편에 나오는 다윗의 기도의 말씀들, 혹은 성경 가운데서 주어진 어떤 다른 기도의 말씀들에, 심지어 우리 주님께서 우리를 위해 마련하신 특별한 규칙the special rule의 말씀에 대해서도 제한되지 않는다. 기도는 비단 구약

성경에 있는 하나님의 계시를 반영하기 위해 성경에 의해 제정되었을 뿐 아니라, 신약 시대의 모든 연대들ages 가운데 있는 하나님의 사람들의 삶에서 특정한 상황들이 발생하는 것과 관련해서도 제정되었다. 기도와 관련된 이러한 자유는 성경에 의해 두 번째 계명과 다른 성경의 선언들이 우리 예배를 위해 정한 규정적 원리와 양립할 수 없는 것으로 간주되지 않는다.

기도에 부여된 자유가 노래에도 부여되는지 여부를 물을 수도 있을 것이다. 기도의 경우에는 자유가 분명하거나 명시적으로 부여되는 것이 사실이다. 성경이 가르치는 예배에 대한 규정적 원칙the regulative principle은 성경이 특별히 그러한 자유를 승인하는 예배의 형태나 요소들의 경우에만 그러한 자유를 취하도록 요구되지 않은가? 성경이 예배의 한 요소와 관련하여 자유가 허용된다는 것을 분명히 한다면—그리고 규정적 원리에 대한 편견이 없이—예배의 다른 요소들과 관련하여 동일한 종류의 자유가 허용된다는 것은 정당한 추론으로, 만일에 성경이 명확하게 하지 않는다면, 그리고 다른 요소와 관련하여 자유를 취하는 것을 특별히 금지한다는 것을 이 질문에 대한 대답으로 유지될 수 있을 것이다. 그러나 이 입장을 취하지 않는다 하더라도, 그와 반대로 성경 가운데에 어떤 특정한 기술이 없다면 그것은 적절히 유지될 수 있을 것이며, 비록 노래의 경우에 그것을 명시적으로 허용하도록 기재된 것을 성경에서 찾을 수 없더라도, 기도의 경우에 인정된 자유가 또한 예배에 사용된 노래의 경우에도 확실하게 달성된 것으로 간주해야 한다. 기도와 노래의 내용에 있어서의 유사성은 우리가 기도의 경우에 부여된 자유가 노래의 경우에도 상당히 합법적으로 받아들여질 수 있다고 추론할 수 있을 만큼 가깝고 중요하게 유지될 수 있다. 만일에 성경 자체가 시편의 기도들psalms prayers이라고 한다면, 우리는 한 경우에 부여된 내용상의 자유가 다른 경우에도 적용되어야 하며 어떤 외적 혹은 이차적인 차이점 때문에 거부되지 않아야 한다고 생각하는 것이 합리적이라고 보지 않을 것이다. 이 문제에 대해서는 이 보고서의 뒷부분에서 더 자세히 설명한다.

예배의 규정적 원리에 관한
하나님의 말씀의 가르침

1. 예배에서 부를 수 있는 노래에 관한 성경의 가르침

1). 구약성경에서

구약 성경에서 하나님을 공적으로 예배할 때 노래를 사용하는 첫 번째 기록된 사례는 이집트에서 구출된 후에 모세와 이스라엘 자손이 부르는 찬양과 감사의 노래다(출 15:1)[29]. 노래하는 것이 모세 이전 시대에도 공적 예배에 사용되거나 장막에서의 봉사와 관련하여 사용되었을 것이지만, 그 사실에 대한 기록은 없다.

주님의 성소the sanctuary에서의 음악적인 봉사의 기초를 닦은 사람은 다윗이었다. 다윗은 신정국the theocracy의 첫 번째 선왕good king이었고 그의 임무는 주로 그 신정국의 토대를 구축하고 확보하는 것이었다. 그는 레위 사람들에게 그들의 형제를 가수로, 즉 반주에 따라 부를 수 있는 노래하는 자들로 임명하라고 지시했다(대상 15:16)[30].

---

29) "이때에 모세와 이스라엘 자손이 이 노래로 여호와께 노래하니 일렀으되"
30) "다윗이 레위 사람의 어른들에게 명령하여 그의 형제들을에 노래하는 자들로 세우고 비파와 수금과 제금 등의 악기를 울려서 즐거운 소리를 크게 내라 하매"

그들은 즐겁고 기쁜 마음과 더불어 노래했다. 그 가수들은 앞서 연주하는 악기의 종류에 따라 세 대companies로 나뉘었다. 어떤 음악가들은 황동 심벌즈로 소리를 내었고, 어떤 이들은 아라못Alamoth의 현악psalteries을 연주했으며(대상 15:20)[31], 반대로 다른 이들은 스미닛Sheminith의 하프를 연주했고, 그나냐는 노래의 리더('massa' 대상 15:22)[32]였다. 여기에서 사용된 음악적 자구들terms은 다른 유형의 곡조들tunes을 지칭 할 수 있지만 그것이 결코 확실하지는 않다. 일부 자구들은 시편의 제목들로 사용된다. 따라서 "아라못"은 시편 46편의 표제, "스미닛"은 시편 6편과 12편의 표제the headings이며, 이 용어는 그러한 특정 시편을 지칭하는 구절일 것이다. 시편에는 표제the heading massa가 전해지지 않는데, 만일 이러한 표제를 포함하는 어떤 곡compositions이 전해졌다 하더라도 그러한 곡의 표제가 의미하는 바는] 이제 잃어버렸다. 다윗은 찬양의 목적을 위해(대상 23:5)[33] 악기들['kelim', 즉 'musical instruments']을 많이 만들었으며, 어떤 이들은 하프와 다른 악기들의 연주 가운데서 예언하는 것을 목적으로 따로 구별되었다(대상 25:1)[34]. 모두 사천 명의 가수가 고용되었으며, 이들 중 이백팔십팔 명은 숙련된 자들이었다(대상 23 : 6, 25 : 1-7).

---

31) "스가랴와 아시엘과 스미라못과 여히엘과 운니와 엘리압과 마아세야와 브나야는 비파를 타서 알라못에 맞추는 자요"
32) "레위 사람의 지도자 그나냐는 노래에 익숙하므로 노래를 인도하는 자요"
33) "사천 명은 문지기요 사천 명은 그가 여호와께 찬송을 드리기 위하여 만든 악기로 찬송하는 자들이라"
34) "다윗이 군대 지휘관들과 더불어 아삽과 헤만과 여두둔의 자손 중에서 구별하여 섬기게 하되 수금과 비파와 제금을 잡아 신령한 노래를 하게 하였으니 그 직무대로 일하는 자의 수효는 이러하니라."

솔로몬의 통치기간 동안에 이러한 봉사service는 계속되었으며 아
마도 더욱더 발전되었던 것 같다(참조. 왕상 10:12, 대상 7:6, 9:11). 여호
야다, 히스기야, 요시야의 진정한 부흥도 마찬가지였다(대상 23:18,
20:20 이하, 35:15).

제2성전의 기초가 놓일 때에, 음악적인 봉사는 다윗의 명령에 따라
이루어졌다(스 3:10). 예루살렘 성벽을 봉헌할 때 사용한 악기는 하나
님의 사람 다윗의 악기였다(느 12:36).

성소the sanctuary 안에서의 음악적인 봉사를 위한 이러한 준비들
은 반주에 사용되는 가수의 수와 다양한 악기에 대해 명시하고 있
지만, 노래의 내용에 대해서는 거의 알려지지 않았다. 이미 언급한
바와 같이 '아라못'과 '스미닛'이라는 단어는 특정한 시편을 가리키
는 것일 가능성이 있다. 느 12:46절[35]에는 다윗과 아삽 시대에 사
용된 노래가 "하나님께 대한 찬양과 감사의 노래"로 언급되어 있다.
"찬양"praise이라는 단어는 일부 시편의 제목들에서도 나오지만, "감
사"thanksgiving라는 단어는 그렇지 않다. 우리는 현재 우리의 시편
의 일부의 내용이 예배 안에서 사용되었다는 것을 역대상 16장에
서 확실하게 알려지고 있다. 그 장 안에는 성막 안에서 언약궤를 들
어 예루살렘으로 옮기는 예배의 봉사가 기록되어있으며, 또한 다윗
에 의해 아삽과 그의 형제들에게 시편을 써주어서 그것으로 주께 감

---

35)   "옛적 다윗과 아삽의 때에는 노래하는 자의 지도자가 있어서 하나님께 찬송하는
노래와 감사하는 노래를 하였음이며"

사드렸다고 기록되어 있다. 그 때 불렀던 이러한 시편이, 8-36절에 기록되어 있다. 하지만 이러한 시편은 시편서의 여러 부분들, 즉 시 105:1-15, 시 96:1-13, 아마도 시 106:1, 47, 그리고 아마도 시 72:18절 안에서도 재현된다. 그것은 다른 시편들에서 그것들이 하나님을 예배하는데 사용하도록 의도되었던 것임에 분명하다. 시 95:2, 27:6, 그리고 100:4절을 보라. 노래의 내용을 명료하게 나타내는 또 다른 참조 구절은 대하 29:30절[36]이다. 히스기야는 특정한 예배의 시행을 위해 다윗과 선지자 아삽의 말씀의 사용을 명시적으로 명령했다. 이러한 서술에는 지금 성경 안에 보존되어 있는 다윗과 아삽의 시편과 같은 것들이 포함될 수 있다. 하지만 또 다른 특별한 시행의 경우에 히스기야는 이미 존재하는 시편들을 사용하지 않았으며, 오히려 상황들the circumstances에 적합한 새로운 시편을 작성했다. [그러나] 이것은 현재 우리의 시편 안에는 포함되어 있지 않으며, 다만 주님의 집 가운데서 그것을 사용하는 것을 조건으로 한 것이었다(사 38:10-20).

구약 성경에서는 이스라엘 백성들이 현재 보존되어있는 완전한 시편을 사용하도록 요구하는 어떠한 명시적인 명령이나, 오직 시편만으로 된, 예배 안에서의 찬양의 독점적인 매뉴얼the exclusive manual도 수립되지 않았다. 또한 [구약과 신약의] 언약 시대 사이의 기간 동안에 예배에 관련한 정보의 주요한 출처였던 탈무드에도, 필요한 때에 용

---

36) "히스기야 왕이 귀인들과 더불어 레위 사람을 명령하여 다윗과 선견자 아삽의 시로 여호와를 찬송하게 하매 그들이 즐거움으로 찬송하고 몸을 굽혀 예배하니라."

도에 맞춰서 특정한 시편을 사용하기는 했지만, 찬양의 독점적인 매뉴얼로서의 완전한 시편에 대한 어떠한 언급도 나타나 있지를 않았다. 따라서 정경이 완결된 후 또는 시편이 현재와 같이 백오십 편을 포함하고 있는 것으로 확정된 후에, 시편 전체가 예배 안에서 독점적인 찬양의 책으로 사용되었음이 명백하지 않거나, 혹은 최소한의 증거도 남아있지를 않은 실정이다. 이러한 증거의 부족은 [구약과 신약으로서의] 언약 시대 사이의 기간에서 뿐만이 아니라, 그리스도의 시대와 관련해서도 마찬가지로 얻을 수 있는 바이다.

2). 신약 성경에서

하나님께 대한 예배에서 부르는 노래의 내용에 관련한 신약 성경의 가르침은, 주로 '시편'psalm, '찬미'hymn, 그리고 '노래'song라는 단어들의 사용에 매우 크게 의존한다. 고전적인 헬라어 노래는 노래를 위한 일반적인 단어이기는 하지만, '찬미'는 찬양의 노래를 의미하며, '시편'은 사랑 노래를 위한 유리피데스Euripides 시대의 레수스Rhesus 안에 나타나 있으나, 신약 성경에서 사용된 이 단어들은 분명 하나님을 찬양하는 노래를 의미한다. [그러므로] 보다 정확하고 결정적인 질문은 그것들이 신약성경 안에서 오직 구약성경의 시편들만을 가리키는 것인지의 여부다.

시편이라는 단어는 고전 14:26절에서 사용되었는데, 바울은 이렇게 말한다. "그런즉 형제들아 어찌할까? 너희가 모일 때에 각각 찬송시

도 있으며[37] 가르치는 말씀도 있으며 계시도 있으며 방언도 있으며
통역함도 있나니 모든 것을 덕을 세우기 위하여 하라." 여기에서 우
리가 직면하는 각별한 질문은 불러진 노래의 정확한 성격the exact
nature이다. 그것들이 구약 성경의 시편들인가, 은사적인charismatic
시편들인가, 아니면 그것들의 내용에 영향을 받지 않은 즉흥적인 노
래들impromptu songs인가? 전체적인 맥락에서 주어지는 인상은 노
래가 은사적이라는 것이다. 12장의 시작으로부터 14장의 끝에 이르
기까지 성령the Spirit의 특별한 은사들의 고려 아래에 있다. 13장 안
에서 출발하는 사랑의 우수성과 필요성조차도, 이러한 은사들을 얻
고 사용하는 가장 좋은 방법으로 나타난다. 고린도의 기독교인들은
특별히 영적인 은사에 열심이 많았다(고전 14:12)[38]. 그것은 모든 남자
들과 아마도 여자들도 마찬가지로 잘못하여 그것들을 얻기 위해 시
도했던 것으로 보인다(34 절)[39]. [그렇지만] 아마도 진정으로 이러한 은
사를 받았다고 생각되는 사람들은 그렇지 않았을 것이며, 그 결과
로 그들이 말한 것은 통일되었다. 하지만 예를 들자면 일종의 공허
한 재잘거림empty babbling과도 같은 것들로부터, 진정한 방언의 은
사를 분리하는 것이 어려웠기에, 모임에서도 질서를 유지하기가 어
려웠다. 거짓된 은사charisma가 있든지 없든지 간에, 바울은 예언
의 은사the gift의 우월성을 강력하게 권고했기 때문에, 고린도에서는

---

37) "ἕκαστος ψαλμὸν ἔχει," -each one a psalm has, -
38) "그러므로 너희도 영적인 것을 사모하는 자은즉 교회의 덕을 세우기 위하여 그
것이 풍성하기를 구하라."
39) "여자는 교회에서 잠잠하라 그들에게는 말하는 것을 허락함이 없나니 율법에 이
른 것같이 오직 복종할 것이요."

분명히 방언의 은사the gift를 너무 지나치게 강조했던 것으로 보인다(1-25절). 26절에서 은사적이지 않은 갑작스러운 전환을 발견하는 것이 이상할 것이다. "너희가 모일 때에 각각 찬송시a psalm도 있으며, 가르치는 말씀a doctrine도 있으며, 계시a revelation도 있으며, 방언a tongue도 있으며, 통역an interpretation도 있나니" 이것은 성령의 특별한 은사들gifts의 일부의 목록이다. 마지막 4개가 은사적이므로 시편도 또한 은사적이라고 추정해야 할 것이다. 성령께서 유아상태의 교회를 사도들과 함께 축복하셨기 때문에, 건전한 교리를 확립하기 위해서, 그리고 그것의 조직과 예배를 위해서, 예언자, 교사, 기적 행하는 자, 치유하는 자, 돕는 자, 다스리는 자, 그리고 방언하는 자(12:28)들이 그처럼 충분하게 제공되었던 것이며, 우리는 또한 노래를 위해서도 특별한 규정special provision이 만들어졌음을 기대할 수가 있다.

그러나 26절의 찬송시psalmos가 구약의 시편a Psalm을 의미한다는 취지의 세 가지 주장이 제기될 수 있다. [우선] 첫 번째로, 시편이 은사적 노래charismatic song의 실제 내용이었을 수 있다는 것이다. 하지만 그 노래가 성령에 의해 특별한 방식으로 주어졌어야 할 이유는 없다. 둘째는, 헬라어 단어의 사용이다. 이러한 맥락에서 "노래"로 번역할 충분한 타당성이 있는 것 같으며, 혹은 시편과 특정한 측면에서 유사한 노래를 지정하는 것으로 간주할 수가 있다. 셋째, 'echei'라는 단어의 사용으로, 각 시편들은, 그 순간의 특별한 영감으로서보다는 이미 작곡된, 그리고 가까이에 있었던 노래를 제안

했던 것일 수 있다. 하지만 에체이는 다른 네 가지 은사들의 경우에
도 사용된다. 즉 말씀doctrine, 계시revelation, 방언tongue, 그리고 통
역interpretation이다. 그렇다면 우리는 신약 성경에 나오는 헬라어
'psalmos'가 구약성경의 시편보다 더 넓은 일반적 의미를 가지고 있는
것으로 보인다고 결론을 내릴 수 있다.

찬미hymn에 대한 단어는 마 26:30절과 막 14:26절[40]에 나오는데,
특정 구약성경 시편Psalms에 대한 특정한 언급은 아닌 것 같지만 아
마도 그럴 가능성이 있다. '노래'song라는 단어에 관해서, 계시록the
book of Revelation은 구약성경 시편의 인용문이 아니라 새로운 경륜
the new dispensation의 특징으로서 하나님을 찬양하는 새로운 노래
new songs를 부르는 것으로 말한다(계 5:9-10, 7:10절 참조. 또한 14:3 및
15:3절).

엡 5:19절[41] 및 골 3:16절[42]에서 바울은 시psalms, 찬미hymns와 신령
한 노래spiritual songs의 사용을 권한다. "시, 찬미와 노래"라는 문구
는 보통 구약성경 시편을 몸처럼 기술적으로 지칭한 것은 아닌 것으

[40] "이에 그들이 찬미하고 감람산으로 가니라."
[41] "시와 찬미[찬송]와 신령한 노래들로 사로 화답하며 너희의 마음으로 주께 노래
하며 찬송하며" ※ 특히 "찬미"를 개역개정에서는 "찬송"으로 번역했지만, 마 26:30
절에서는 여전히 "찬미"로 번역하고 있다. 이 책에서는 그러므로 통일되게 '찬미'라는
용어로 주로 번역한다."
[42] "그리스도의 말씀이 너희 속에 풍성히 거하여 모든 지혜로 피차 가르치며 권면
하고 시와 찬미[찬송]와 신령한 노래를 부르며 감사하는 마음으로 하나님을 찬양하
고"

로 알려져 있다. 더구나 시psalms라는 말 자체나 찬미hymns, 또는 노
래songs라는 말은 얼핏 구약성경의 시편 150편을 구체적으로 의미하
는 것이라고 명확하게 증명할 수 없는 것으로 보인다. [그러나] 이러
한 시편의 제목들은 70인역LXX에서 각각 사용된 것이기 때문에 이
러한 각각의 용어들은 그러한 70인역의 시편을 참조해야 한다. 70
인역에서의 용법은 신약의 그러한 단어들이 구약성경의 시편을 지시
할 가능성을 보여주는데, 그러한 가능성은 부인될 수 없다. 다른 한
편으로 그들은 신약 성경의 생성물도 아주 잘 살펴볼 수 있었다. 실
제로 시편이라는 단어는 고린도전서 14:26절[43]에서 은사적인 노래a
charismatic song 또는 초대 교회에서 성령의 특별한 선물로 주어지는
노래를 의미하는데 사용되었다. 노래song라는 단어는 또한 신약성경
의 사용에 있어서 구약성경의 시편이라는 의미로 국한하지 않는다.
그러므로 엡 5:19절과 골 3:16절에서 우리는 바울이 구약성경의 시
편만의 사용을, 혹은 신약성경의 생성물만을, 아니면 둘 다 사용하는
것을 염두에 두었었는지 확실히 할 수 없다.

더욱이 골 3:16절에는 거기에 언급된 노래들에서 신약성경의 노래
들을 배제하는 것에 대해 반대하는 추정이 있다. 바울은 이르기를,
"그리스도의 말씀이 너희 속에 풍성히 거하여 모든 지혜로 피차 가
르치며 권면하고 시와 찬미와 신령한 노래를 부르며…."라고 했다.

---

43) "그런즉 형제들아 어찌할까 너희가 모일 때에 각각 찬송시도 있으며 가르치는
말씀도 있으며 계시도 있으며 방언도 있으며 통역함도 있나니 모든 것을 덕을 세우기
위하여 하라."

최근에 복음의 메시지를 통해 어둠에서 빛으로 옮겨진 골로새 인들에게 "그리스도의 말씀"이라는 표현은 아마도 그리스도에 대한 복음의 메시지를 의미할 것이다. 그리고 그리스도의 말씀이 그들 안에 풍성하게 거할 때, 그 결과로 시, 찬미, 신령한 노래가 흘러나올 것이고, 그러한 노래들은 그리스도의 말씀의 내용을 반영할 것이며, 그리고 그러한 노래를 통해 신자들은 모든 지혜안에서 서로를 가르치고 훈계하도록 촉구되는 것이다. 따라서 적어도 이 노래들 가운데 일부는, 즉흥적으로 또는 어떤 생각의 결과로 새로이 작곡될 것이다. 이와 관련하여 초대교회 시대의 음악은 현대의 고도로 발달된 음악에 비해 초보적인 것이었던 것으로 생각해도 좋을 것이다. 권위자들 Authorities은 일반적으로 초기 기독교 음악이 조화나 정교한 멜로디가 없었고, 주로 읊조리는 것chanting으로 구성되었다는 데 동의하는 것 같다. "오래된 히브리 음악이 조화 가운데서 순전하게 연주되었다……하모니harmony의 영역 안에서, 멜로디melody를 희생하더라도, 리듬rhythm은 연주의 주도적인 부분이었으며……노래를 부르는 것은 주로 일종의 리듬 있는 낭독rhythmic declamation이었다."(The New Schaff-Herzog Encyclopedia, 신성한 음악Sacred Music에 관한 기사). 그런데 인용된 작가는 구약성경의 음악에 대해 말하지만, 성악은 신약성경의 시대에까지 거의 변하지 않았을 것으로 추정할 수 있을 것이다. 회당에서의 배경을 가진 초기 기독교인들은, 아마도 그들의 노래를 읊조렸을 것이다. [44] 더욱이 고대의 그리스인들은 아마도 히브

---

44) 이러한 언급들에서 파악할 수 있듯이, 예배에 있어서의 노래는 음악적인 성격보다도 계시된 하나님의 말씀에 착안하는 성격에 중점을 두는 것임을 알 수 있다.

리인들만큼이나 높은 음악의 발전을 이룩했을 것임에도, 그러나 그
들은 단순한 멜로디를 고수했다. 이에 대한 증거는 비록 그들이 음
계의 정도를 나타내기 위해 알파벳의 글자를 사용하여 음악을 써
내려 가는 미숙한 시스템system을 가지고 있었지만, A·D 200~500
년 사이에 이 시스템은 사용이 중단되어 분실되어버렸다. 그래서 여
러 방면들에 있어서 고대 세계의 지혜와 중세의 지혜 사이의 연결고
리였던 보에티우스(Boethius, 480-525)조차도 음악을 작곡할 수 있
는 방법을 알지 못했다. 만일에 헬라어 표기법이 사멸해버렸다면,
그들의 음악은 너무 발달되지 않았고 즉흥적으로 보존할 가치가 없
는 성질의 것이었다고 추측할 수 있을 것이다. 초기의 그리스도인들
은 이러한 헬라어 표기법을 알지 못했으나, 발전하고 확장하는 움직
임 가운데서 그들의 음악이 유지할 만큼 충분히 정교해졌더라면 그
것을 보존할 수 있었을 것이다. 그러나 680년경에 이르러서야 엑센
트에 의한 새로운 표기법이 고안되어 기독교 교회의 선율을 보존하
게 되었다. 이 모든 것에서 초기 기독교인들이 매우 단순한 음악을
가지고 있었고 아마도 읊조릴 뿐이었을 것이라는 훌륭한 주장이 생
긴 것 같다. 그리고 초대 교회 안에서 성경적 가사들의 표현 방식the
mode of rendering은 다음과 같았음을 암시한다. "그것들은 한 사람
에 의해 낭독되었으며, 회중the congregation, 또는 그것을 대표하는
성가대the choir는 각 구절의 끝에 짤막한 후렴으로 간단하게 응답했
다."(Hastings Encyclopedia of Religion and Ethics, article, Hymns, Greek
Christian, by Baumstark.) "시편들을 읊조리거나, 교창antiphonally 혹
은 제한된 회중과 함께 솔로a solo로 부르는 후렴구refrain."(같은 저자.,

article, Music, Christian, by Westerby). 읊조리기Chanting는 가끔씩 음조가 오르거나 떨어지는 단조로운 암송으로 정의할 수 있다. 특정 멜로디의 반복이 없었기 때문에, 운을 맞춘 운율의 절들rhymed metric stanzas에 대한 필요나 생각이 없었다. 대신에, 자유로이 읊조리는 단순한 음악적 합창lyrical utterance이 당시의 관습이었다. 이러한 상황들은 초대 교회의 노래의 작곡이 비교적 단순했음을 보여주며, 바울이 어떻게 골로새사람들에게, 기독교 공동체의 일반적인 사용을 위해 즉석에서 또는 약간의 숙고 후에, 노래를 작곡하도록 촉구 할 수 있었는지를 설명해준다. 그러한 노래들은 복음 진리의 풍성한 내재적 저장소에서 흘러나오며, 진리를 그들의 거짓된 증거의 교회처럼 그것들을 독점적으로 이용하거나 명령을 받지도 않았으며, 신약성경 안에서 찬양에 대한 특유하고 독점적인 매뉴얼이 될 것이다.

웨스트민스터 표준문서들the Westminster standards에 따르면 우리는 성경에 분명하게 정해지지 않은 어떠한 요소도 추론할 수 없고 성경으로부터 연역할 수 있는 선하고 필연적인 결과에 의해서도 하나님께 대한 예배에 더하여 포함시킬 수가 없다. 신약성경은 고전 14:15절과 26절[45], 그리고 아마도 행 4:23-31절[46]에서도 공적 예배 안에 노래의 요소에 대해 확실하게 규정한다. 그러나 신약성경에서는 노래의 내용이 명백하게 제한되어 있지 않으며, 따라서 우리는 신약성

45) "그러면 어떻게 할까 내가 영으로 기도하고 또 마음으로 기도하며 내가 영으로 찬송하고 또 마음으로 찬송하리라." 15절; "그런즉 형제들아 어찌할까 너희가 모일 때에 각각 찬송시도 있으며 가르치는 말씀도 있으며 계시도 있으며 방언도 있으며 통역함도 있나니 모든 것을 덕을 세우기 위하여 하라." 26절.
46) 시 2:1-2절의 인용(25-26절)을 시편의 노래로서 사용하였음을 언급하는 것으로 보인다.

경으로부터 선하고 필연적인 결과로서 그것을 연역한다.

이 점에 있어서 노래는 기도와 같으며, 비록 예배의 일부로서 명시적으로 주어졌지만 성경 안에 있는 단어들로부터 정해지는 것은 아니다. 실제로 노래와 기도 사이에는 매우 밀접한 관계가 있다. 시편 72:20절[47]에서 선행하는 부분 가운데서의 시들은 "기도"의 성격이 부여된다. "이새의 아들 다윗의 기도가 끝나니라." 감옥 안에서 바울과 실라는 노래와 기도 모두를 같은 시간에, 한 행동에 의해 행했다: "기도하고, 하나님을 찬미hymns하매"(행 16:25). 또한 행 4:24-31절에 있는 초대 교회의 기도가 찬양으로 읊조려졌다chanted고 믿을만한 이유도 있다. 대다수의 주석가들은 그 기도가 베드로만이 큰소리로 말하고 나머지 사람들은 조용히 동의하는 것이었다고 말한다. 따라서 그들은 "그들이 한마음으로 하나님께 그들의 목소리를 높였다"고 설명한다. "한마음으로"라는 말은 그들이 조용히 그리고 만장일치로 기도에 동참한 것 이상을 의미하지는 않을 것임을 확실히 하는 것이다. "그들이 (그들의) 목소리를 높였다"는 말은 베드로의 목소리만 들렸다는 해석과 일치하기 어렵다. 행 14:11절과 22:22절[48]에서 많은 목소리라는 문장의 의미는 "그들의 목소리를 높였다"라는 의미다. 만일에 오직 베드로만 말했다면 짐작하건대 그는 연사the speaker로 언급되었을 것이다. 헬라어가 주는 인상은 모든 사람이 합

---

47) "이새의 아들 다윗의 기도가 끝나니라."
48) "무리가……소리 질러 이르되" 행 14:11, "……그들이 듣다가 소리 질러 이르되" 22:22절.

창the utterance에 큰 소리로 참여했다는 것이다. 아마도 추측된 바와 같이, 두 번째 시편 또는 여기에 주어진 시편의 일부는 모두가 함께 불렀을 것이다. 그리고 그 다음에 베드로 혼자서 큰 소리로 기도했을 것이다. 그러나 이것은 기도로서의 전체적인 합창whole utterance 의 명백한 통일성과는 반대된다. Ellicott는 이러한 전체 구절("그들은 한 화음으로 그들의 목소리를 높였다")이 "일반적인 말하기와는 다른 영송 intonation 혹은 성가chant를 암시하는 것 같다. 기술된 공동의 합창 joint utterance은 다음 중 하나의 결과로 간주될 수 있을 것이다. (1) 참석한 모든 이들에게 동일한 말을 생각나게 하는suggesting 직접적인 영감a direct inspiration의 표시. (2) 베드로 사도를 따르는 사람들의, 한 절씩clause by clause 따라 부름. (3) 제자들에게 이미 친숙한 찬가the hymn를 모두가 부름. 두 번째가 가장 가능성이 높은 것 같으며, 세 번째의 경우에 반대함에 대한 찬가의 특별한 적합성the special fitness, 그리고 첫 번째의 그러한 진술의 기적이 관련"될 수 있다고 했다. Ellicott의 견해를 뒷받침하기 위해, 초기 기독교인들은 아마도 그들의 찬양의 노래를 읊조렸을 것이라는, 이미 언급된 사실을 주장할 수가 있을 것이다. 확실히 기도의 대부분은 시가poetry가 아니며, 산문prose도 읊조렸을 것이다. 더욱이 이 보고서의 앞부분에서 그러한 노래들이 제한된 집단적 후렴구를 가진 솔로로서 읊조려 불려졌을지 모른다는 것이 제안된바 있다. 그러므로 만약 베드로, 혹은 교회의 다른 지도자가, 여기에 주어진 문장들을 읊조렸고, 나머지는 회당the synagogue의 개연성 있는 관습에 따라서 어떤 문장들을 반복함으로써 합류했을지 모르며, 그러므로 "그들은 그들의 목소리를 높였다."고 설명할 수가 있다.

노래의 내용에 관한 신약성경의 가르침을 연구하는데 있어서, 용어의 문제가 발생한다. 우리의 조사에 있어서 우리는 "영감 된inspird"과 "영감 되지 않은uninspired"노래보다는 "시psalms"와 "찬미hymns"를 구별하는 것을 선호한다. 후자의 구별에 근거한 주장은 때때로 신약성경이, 계속하여 존속하지 못했으며 현재 우리의 규범이 될 수 없는 초대 교회의 상태를 다루는 사실을 적절히 고려하지 못하는 경우가 있다. 사도들에 의해 불린 것들은 무엇이든 "영감을 받은" 것으로 간주 될 수 있었으며, 독실한 노래charismatic song, 또한 "영감 된" 노래들이, 그 때에 널리 퍼졌었다. 그러나 사도들에게는 계승자들이 없었고 은사charismata는 중단되었다. 그러므로 "영감 된"과 "영감 되지 않은"의 구별을 채택하는 것은 초대 교회의 일시적인 실천으로부터 우리의 영구적인 의무에 이르기까지 논쟁하는 오류를 가져올 수가 있다. 기독교 교회를 위한 성경의 영속적인 요구 사항들에 대한 진술에 있어서 이러한 혼동이 없이 쓸 수 있는 구별을 사용하는 것이 좋다. "시Psalms"는 구약성경의 150개의 시편을 명시하는데 사용될 수 있을 것이며, "찬미hymns"는 성경의 말씀에만 국한될 수도 있고 그렇지 않을 수도 있는 다른 찬양의 노래를 열거하는 것일 수 있을 것이다.

더욱이, "영감 된" 노래와 "영감 되지 않은" 노래의 구별에 근거하는 논쟁은 모든 성경적인 증거들을 고려하는데 실패할 수도 있다. 따라

서 모든 성경적인 노래들을 "영감 된" 것으로 묘사하는 것은 논의의
목적을 위한 충분한 서술이 아니며, "영감 받은" 노래들만을 불러야
한다는 결론으로 이어지지도 않는다. 신약성경 안에 있는 일부 영감
을 받은 노래들도 마찬가지일 것이다. 성경의 단어들에 국한되지 않
고, 따라서 "영감 되지 않은" 노래의 사용을 허가하는 바로 그 원칙
을 예시한다. 앞서 언급한 그러한 원칙은 아래에서 논의해야 할 원칙
즉, 우리의 노래는 성경에 나오는 하나님의 계시 전부를 포용해야만
한다는 것이다.

신약성경은 구약성경의 성취일 뿐만 아니라 보다 완전하고 구체적인
계시로서 그 자체를 분명히 나타내고 있다. 그러므로 구약성경의 시
편들은, 그것들이 전부 구약성경의 일부분인 만큼 불완전한 미완성
의 계시임이 인정된다. 창조와 섭리 안에서 하나님의 영광에 대한 찬
양의 표현과, 그의 백성에 대한 그의 언약의 자비와 신실하심은, 예
컨대 두 경륜의 시대에 하나님의 사람들의 사용을 위해 오래도록 적
합하다. 그럼에도 불구하고 다른 특정 측면에서는, 그것들은 복음의
위대한 사건과 신약성경에 기록된 복음의 가르침에 관한 것이므로,
성경적 계시의 성장의 예비 단계 일뿐이다. 다른 한편으로 신약성경
에는 더 넓은 계시의 지정에 맞춘 노래의 확장이 있다. 새로운 노래
들, 새로운 경륜의 시대를 위하여 맞춰진 노래들, 그리고 구약의 문
장들에 갇히지 않은 노래들이 찬양에 사용되었다. 이것은 눅 1:46-
55절에 기록된, "장엄송"the magnificat으로 알려진 마리아의 찬미the
hymn of Mary였다. 비록 삼상 2:1-10절의 하나의 노래에 근거하고

구약성경 가르침에 순응할지라도, 그것은 단지 언어적인 반복만이 아니다. 사가랴Zacharias(눅 1:67-79)와 시므온Simeon(눅 2:29-32)의 노래는 신약의 요소를 소개하며, 사가랴는 분명히 요한을 언급하고 있는 반면에, 시므온은 유아 때의 예수를 바라보며 "내 눈이 네 구원을 보았다"고 말한다. 따라서 새로운 경륜의 첫 새벽에 계시가 다시 시작됨에 따라 노래의 내용이 확장되었다. 행 4:23-31절에서 초대교회는 오순절 직후, 즉 옛 경제 질서에서 새로운 경제 질서로의 점진적인 변화의 또 다른 특별히 중요한 지점에서의 노래의 확장을 계속했을 가능성이 있다. "당신의 거룩한 아들 예수에 대한 이 성읍의 진리를 위하여, 기름 부어 세우신 분이시며, 헤롯과 본디오 빌라도, 더불어서 이방인들과 이스라엘의 사람들이 함께 모여, 당신의 손과 당신의 권고로 전에 행해지기로 결정된 것은 무엇이든지 행하기 위해서이다. 그리고 이제, 주여, 저들을 위협하는 것들을 보소서…." 신약성경의 요소를 포함하는 노래의 추가적인 예는 딤전 3:16절[49] 안에 나타난다 할 것이다.

"그리고 고백하건대 위대한 것은 경건함의 신비다.

육체 안에 나타난 사람,
영 안에서 의롭다 하며,

---

49) "크도다 경건의 비밀이여, 그렇지 아니하다 하는 이 없도다. 그는 육신으로 나타난 바 되시고 영으로 의롭다 하심을 받으시고 천사들에게 보이시고 만국에서 전파되시고 세상에서 믿은 바 되시고 영광 가운데서 올려지셨느니라."

천사들에게 보이고,

나라들에 전하며,

세상에 인정되고,

영광스럽게 받아들여졌다."

이러한 문자 그대로의 번역은 Lenski에 의해 주어진 것이며 이 구절
의 헬라어가 실제로 시의 모습을 보여주고 있음을 보여주기 위해서
여기에 인용되었다. 헬라어 독법은 그것의 "리드미컬한 움직임과 균
형 잡힌 여섯 절의 평행성Plummer"에 있어서 놀라운 것이다. 록Lock
은, '국제비평주석' I·C·C에서 "이것은 서로 균형을 이루는 세 줄의
두 연을 나타내며, 성육신하신 주님과 승천하신 주님을 대조하는 것"
이라고 제안한다. Olshausen은 Mack의 말을 인용하여 "단어가 비
슷하게 배열되어 있고, 음절의 수도 거의 동일하지만, 아이디어가 미
학적으로 관련되어 있는 짧은 비연계의 문장으로 인해 종교적 찬송
에 매우 적합하며, 우리들은 그리스와 라틴 교회에서 사용한 일련
의 후기 찬송들hymns에서 이러한 모든 특징들을 찾을 수 있다."고 했
다. 이미 언급한 네 명의 주석자들 외에도 Meyer, Ellicott, Scott,
Falconer, de Wette, van Oosterzee, A.T. Robertson은 이 구
절을 찬송hymn 또는 찬송의 일부로 간주한다. Westcott과 Hort,
Nestle, 그리고 American Standard Version은 이를 시poetry로
인쇄했다. 짧은 대사들은 특히 노래하는 음악에 잘 적용된다. 록Lock
은 그것이 적어도 그것이 인용문least a quotation인 이유를 세 가지
로 언급하는데, 리드미컬한 형태the rhythmical form, 바울의 다른 곳

에서 찾을 수없는 단어의 사용("현현manifested", "믿음believed", "받음received"), 그리고 본문의 요구 사항들the requirements을 넘어서는 아이디어의 진술들이 그것이다. 또 다른 이유는 여섯 개의 균형 있는 선에 소개된 절the clause 안에 있는 "고백하게"라는 것인데, 이는 이 단어들이 복음 진리의 관습적이고 친숙한 구현이었음을 암시한다. 따라서 독단적인 확실성은 있을 수 없겠지만, 최소한 제안된 모든 해석들 중 가장 좋은 것은, 이 구절을 찬양의 찬송a hymn of praise으로 간주하여, 관례적으로 초기 기독교 예배에서 쓰였던 것이라는 강력한 확신이 있다. 만일 그렇다고 한다면, 그것은 다시 한 번 신약성경의 계시로부터 명백하게 유래된 것의 자료로서의 노래의 한 예일 것이다.

2. 결론

  하나님께서 신약성경의 교회에게 시편을 부르도록 명백하게 명하신 것 같지 않기는 하지만, 그러나 선하고 필요한 귀결의 바탕 위에서, 신약성경의 교회에 의해 시편이 빈번하게 사용되는 것은 하나님을 매우 기쁘시게 했다는 생각을 어떠한 주저함도 없이 주장할 수 있을 것이다. 시편은 찬양의 참다운 목적을 위해 신적인 영감을 받은 것이다. 그것들은 성격상 하나님 중심적인데, 예배 [또한] 그것의 참된 본질에 있어 하나님 중심적이다. 공적인 예배에서 시편을 사용함으로써 신약 성경의 교회는 또한 동일한 두 경륜50)에 있어서 그리스

---

50) 즉, 구약의 경륜과 신약의 동일한 경륜

도의 몸의 본질적인 일치의 표현을 제공한다. 흩어져 있는 구절들 안에서, 시편의 기록자들은 의식법의 준수의 자구들 가운데서 지켜 행할 것을 맹세했으나, 어떤 의식은 이제 확실하게 폐지되었다. 하지만, 그러한 구절을 노래하는 것의 타당성에 대한 판단을 표명하지 않으며, 우리는 의심할 나위 없이 시편의 내용이 대체로 오늘날 언약 백성들의 하나님께 대한 예배를 위해서 전반적으로 매우 적합함을 단언할 수 있다. 그것은 또한 적합하고 하나님의 말씀에 대해 영예로우니, 시편은 영감 받은 문구에 최대한 충실할 뿐만 아니라, 또한 아름답고 명료한 언어 가운데 표현된 버전 안에서의 노래를 위해 사용할 수 있다. 이러한 설명들versions 가운데서 시편은, 예배를 위한 우리의 모범Directory이 제공하는 대로 "공적 예배에서 자주 사용되어야," 한다.

우리가 하나님을 예배하는 것은 신적인 계시divine revelation에 대한 우리의 반응에 불과하다. 그것이 기독교 예배의 참된 본질very essence이다. 신약 성경의 예배는 구약 성경의 하나님의 계시뿐만이 아니라 신약 성경의 완전한 계시에 대한 응답이어야만 한다는 것이 얼마나 분명한가! 신약 성경의 성도들은 이렇게 하나님을 경배했다−특히 그들은 노래 가운데서 하나님을 경배했다. 그들은 계시의 예비적인 단계로서의 찬양 가운데 그들 자신을 한정하지는 않으나 그들의 노래의 내용은 완전한 계시의 한계로 온전히 조정adjusted했다.

다시 한 번 진정한 예배는 성령의 지배적인 영향력 아래에 있는 신적인 계시에 대한 우리의 반응이라고 말할 수 있다. 주님의 영이 있는 곳은, 자유가 있는 곳이다. 분명 확실히, 주님의 영이 있는 곳은, 파격license이 없는 곳이다. 그러므로 우리는 하나님의 말씀이 정한 방식으로만 예배할 수가 있는 것이다. 그러나 하나님의 말씀은 기도의 내용 가운데서 자유의 실행을 보증한다. 함축적으로 그리고 신약 성경의 성도들의 승인된 예들 모두에 의해 그것은 또한 노래의 내용에 관한 주의와 함께 자유의 실행을 보증한다. 그렇다면, 노래의 내용은, 우리의 기도의 내용처럼, 성경의 참된 말씀에만 한정할 필요는 없다.

의장, Robert S. Marsden

하나님께 대한 공적인 예배에서의
노래에 대한 소위원회의 보고서

※ 제14차 정통장로교회the Orthodox Presbyterian
Church 총회(1947)에 제출됨

위에서 언급한 위원회는 제13차 총회에 예배의 규정적 원칙the regulative principle of worship에 관한 보고서를 제출했다. 이 원칙은 사실상, 하나님께 대한 예배에 포함하는 여러 요소들에 대해 신성한 보증 또는 권한의 부여가 필요하다는 것으로, 이 교회의 신앙고백the Confession of Faith의 문장들 가운데, "하나님께서 친히 자신이 기쁘게 받으실만한 참 하나님을 예배하는 방법을 제정하시고 그 결과로서 그 방법을 자신의 계시된 뜻에 의해 제한하셨으므로, 사람들의 지혜로 만들어낸 상상의 고안물들이나 사탄의 암시에 따라, 어떤 눈에 보이는 표시visible representation로나 성경에 규정되지 않은 어떤 다른 방식으로 하나님을 예배하면 안 된다."(웨스트민스터 신앙고백 제21장 1절)는 것이다.

제11차 총회 기간 가운데서 주어진 위임commission에 관해, 그리고 제13차 총회에 제출된 위원회의 보고서에 명시된 규정적 원리the regulative principle에 따라, 이 보고서와 관련된 질문은 다음과 같으니, 하나님을 공적으로 예배할 때 부를 수 있는 노래들에 대해 성경은 무엇을 보증warrant하거나 규정prescribe하는가 하는 것이다.

이 질문을 다루는데 있어서 하나님을 찬양하는 노래는 독특한 예배 행위라는 점을 인식해야 한다. 예컨대 이것은 성경을 읽는 것으로부터와 하나님께 올리는 기도로부터 구별되어야 한다. 이는 물론, 하나님께 기도를 드리는 데에 찬양과 감사의 본질에 관한 것이 많이 있는 것과 같이, 찬양의 노래가 종종 하나님께 대한 기도의 본질nature을 포함하고 있는 것 또한 사실이다. 그러나 노래의 내용에 관한 질문을 결정하고 규정하기 위해 기도의 내용에 대해 우리가 가지고 있는 신성한 권한의 부여나 보증에 호소하는 것은 적절하지 않다. 기도는 예배의 한 요소이며, 노래하는 것은 다른 것이다. 내용의 유사성 또는 본질identity조차도 하나님께 대한 예배에 있어서 이 두 가지 특정 유형의 시행 사이의 구별을 최소한으로 제거하는 것이 아니다. 이러한 구별 때문에 우리는 기도의 봉헌과 하나님을 찬양하는 노래를 하는 것이 같은 것이라고 말할 수 없으며, 우리가 견지하고 있는 신성한 권한의 부여의 하나에 관계되는 것으로부터 다른 하나에 관계된 권한의 부여까지 논의하고자 한다. 예배의 몇몇 부분들의 특수성을 보호하는 것의 중요성과 그것들의 처방이 각각의 요소들에 관계되는 것을 성경으로부터 결정하는 것의 필요성에 대해 하나 또는 두 개의 예들이 주어질 수 있을 것이다.

이 위원회에 의해 제출된 보고서 모두는 일부 성경의 노래들Scripture songs을 하나님께 대한 공적인 예배에서 부를 수 있을 것이라는데 동의한다. 그러나 이 성경 노래들은 또한 성경으로 읽을 수 있을 것이며, 그리고 설교에 사용할 수도 있을 것이다. 이러한 경우에 있어서 실제적인 재료들the actual materials은 동일하다. 그러나 성경을 읽는 것은 노래하는 것과 같은 예배의 실행과 같은 것이 아니며, 노래하는 것 혹은 성경 읽기 모두 설교하는 것과 같지는 않다. 그 내용이 똑같을지라도 기도하는 것과 노래하는 것의 실행에도 동일한 종류의 구분이 적용된다.

주의 만찬The Lord's Supper은 감사의 행위와 마찬가지로 기념과 친교의 행위의 하나이다. 그러나 빵과 포도주를 취하는 데에는 감사가 포함되지만, 기도와 노래하는 것과 같이, 주의 만찬을 기념하는 것은 기도와 노래와는 구별되는 예배의 행위이며, 주의 만찬을 기념하는 신적인 규정들divine prescriptions은 기도나 노래하는 것에 관한 신적인 규정들로서 결정된 바가 없으며, 오히려 하나님께 대한 예배의 별도의 요소를 준수하는 것에 대해 하나님께서 주신 계시로부터 파생된 것이어야만 한다.

결과적으로 소위원회는 위원회의 보고서에 사용된 그 논의의 주장 즉, 우리가 기도할 때에 성경의 말씀들이나 성경에서 우리에게 주어진 "기도문"prayers에 그다지 국한되지 않기 때문에, 노래 가운데에 동일한 자유가 부여되는 것은 무효하다. 따라서 우리는 한 요소에 관련한 신적인 보증으로부터 다른 요소에 대한 신적인 보증을 논의할 수 없다. 그러므로 하나님께 대한 공적인 예배에서 부를 수 있는 노래에 관한 신적인 규정에 대한 질문은 예배의 특정 요소에 관련한 성경의 가르침의 기초 위에서 답해야만 한다.

우리가 성경의 가르침의 의문에 대해 우리 스스로 다룰 때에, 우리는 신약성경이 이 문제에 대해 우리에게 많은 지침들을 제공하지 않는다는 것을 알게 된다. 그렇기 때문에 우리는 신적인 승인과 보증의 한계를 넘어서지 않도록 큰 주의를 기울이는 것의 필요성 아래에 있어야 한다. 이 보고서는 질문과 직접적이고 밀접한 관련이 있는 증거물들과 함께 다룰 것이다.

1. 성경의 증거

I. 마 26:30; 막 14:26절에서 우리는 유월절 때에 예수님과 그의 제자들이 감람산에 가기 전에 찬미[찬송]a hymn를 불렀다고 한다. 헬라어로는 'humnesantes'로 문자 그대로 "찬미하다"를 의미한다. 다른 출처로부터 우리가 얻을 수 있는 증거는 이 경우에 부른 찬미가 시편 113-118편으로 이뤄진 'Hallel'로 알려진 것임을 나타내는 취지이다. 이러한 사례는 다음으로 따르는 [몇 가지] 사실들을 입증한다.

(1) 영감 되지 않은 찬미의 노래hymns를 부르는 것에 대해서는 어떠한 보증도 할 수 없다. 이러한 경우에 영감 되지 않은 찬송을 불렀다

는 증거는 없다.

(2) 우리가 붙잡을 수 있는 증거는 예수님과 그의 제자들이 시편의 일부를 불렀다는 명시를 지니는 것이다.

(3) 이 노래는 구약성경의 성례인 유월절과 신약성경의 성례인 성찬을 축하하는 것과 관련하여서 진행되었다.

Ⅱ. 고전 14:15, 26절에서 바울은 예배를 위한 성도들의 모임을 다루고 있다. 그는 이르기를, "내가 영으로 노래하고 이해심으로 노래하겠다"[51](15절), "각각 찬송시a psalm도 있으며"(26절)라고 말했다. 바울이 15절에서 사용한 동사로부터 우리는 다음과 같이 아주 적절하게 번역할 수 있다. "나는 영으로 시편a psalm을 부르고 이해심으로 시편을 부르며," 다만 26절에서 그가 말한바, "각각 시편도 있다." 그러므로 우리는 시편이 고린도교회에서 불렸었고, 그러한 노래는 분명히 함축적으로 사도의 승인을 받았으며, 그의 모범example으로 확인되었다고 결론을 내려야만 한다.

[여기서] 문제가 발생한다. 이러한 시편psalms이란 무엇인가? 그것들은 은사적인charismatic 시편이었을 가능성이 있다. 그렇다면 한 가지 확실한 것은, 그것들이 영감을 받지 못한 작곡들이 아니라는 것이다.

---

51) 한글 성경에서는 "내가 영으로 찬송하고 또 마음으로 찬송하리라."로 번역되어 있다.

만일 은사적인 것이었다면 그것들은 성령에 의해 영감을 받거나 주어진 것이다. 만일 우리가 오늘날 예배 회집에서 사도가 직접 불렀거나, 또는 교회 예배에서 그로부터 승인된 그러한 은사적인 시편을 각각 소유했다고 한다면, 그 때에 우리는 성전의 노래들 가운데서 그것들의 사용을 위한 적절한 권한을 가져야할 것이다. 하지만 우리는 앞서 말한 은사적인 시편을 지녔다고 주장 할 수 있는 어떤 결정적 증거도 가지고 있지 않다. 그렇지만 그것들이 은사적인 시편들이었다는 가설과 행 4:23-30절[52]에 그러한 예가 있다고 하는 가설에도 불구하고, 딤전 3:16절[53] 말씀에 따라서 우리는 하나님을 경배할 때 영감을 받지 않은 노래를 사용할 수 있는 권한을 부여받지 못했다.

그것들이 은사적인 시편이 아니라는 가설에 대해 우리가 물어봐야 할 것은 무엇인가? 이 질문에 답하려면 우리는 다른 이에게 [다음과 같이] 간단히 물어보면 된다. 성경의 어떤 노래가 시편의 범주에 속하는가? 그것의 답은 하나다. 시편서The Book of Psalms는 시편들psalms로 구성되어 있으며, 따라서 해석학의 가장 간단한 원리에 의해 우리

---

52) 특히 25-26절의 "어찌하여 열방이 분노하며 족속들이 허사를 경영하였는고, 세상의 군왕들이 나서며 관리들이 함께 모여 주와 그의 그리스도를 대적하도다"라고 한 시 2:1-2절의 인용구에서.

53) 특히 "그는 육신으로 나타난 바 되시고 영으로 의롭다 하심을 받으시고 천사들에게 보이시고 만국에서 전파되시고 세상에서 믿은 바 되시고 영광 가운데서 올려지셨느니라."는 구절. ※ 이 구절의 문구는 운문의 형태로 된 것으로서, 초두의 "καὶ ὁμολογουμένως"라는 문구에서 알 수 있듯이 공적인 신앙고백으로서의 시의 형태인 것을 주목할 필요가 있다. 즉 16절의 시는, 단순히 개인적인 신앙의 감정적 표현이 아니라 공적인 신앙고백, 곧 교리의 시편으로서 기록되어 있는 것이다.

는 다음과 같이 말할 수 있으니, 성경 언어의 자구들 안에서, 반복해서 시편이라 불리는 노래들은 여기에서 사용되는 "yalm"이라는 단어의 명시적 의미denotation와 함축된 의미connotation를 완벽하게 만족시킨다. 만일 영감 받은 성경이 이르기를, "각 시편이 있고", 성경은 또한 시편들psalms을 "시편"Psalms이라 부른다면, 확실히 우리는 또한 그의 예배 안에서 하나님을 찬양하기 위해 시편a Psalm을 부를 수가 있을 것이다.

이 두 본문들texts에 관한 한 우리는 영감 되지 않은 찬송hymns의 사용에 대한 어떠한 보증도 제공하지 않는다고 말할 수 있다. 우리는 또한 이렇게 말할 수 있으니, 시편psalms에서 우리가 소유한 시편psalter은 성경 자체의 용어로 된 시편psalms이기 때문에, 이로써 우리는 하나님에 대한 예배 안에서 그러한 노래를 부르는 것에 대한 신적인 보증을 받은 것이다.

Ⅲ. 엡 5:19, 골 3:16절의 이 두 본문에 관해서 무엇보다 먼저 바울이 반드시 하나님의 공적인 예배를 언급하고 있는 것은 아니라는 점을 주목해야 한다. 그 문맥은 바울이 예배의 회집 가운데서 서로에게 관계된 신자들의 행실에 관련한 권고에 자신을 국한시키고 있음이 분명하지는 않다. 바울은 아마도 일반적인 권고를 하고 있을 것이다. 사실, 두 구절의 문맥은 그가 서로의 최고 이익과 하나님의 영광을 일치하여 발전시키는 데 필요한 상호간의 가르침과 교화를 수행하기 위해 신자들이 서로를 참조해야하는 특정한 종류의 운동을 권고하고

있는 것으로 보일 것이다.

하지만 이러한 고려가 이러한 본문들의 하나님에 대한 공적인 예배
의 문제에 대한 관련성을 제거하지는 않는다. 만일에 바울이 시편을
일일이 열거했을진대, 신자들이 그보다 더욱 일반적인 기독교 활동
에서 하나님의 영광과 서로의 교화를 상호간에 촉진할 수 있는 매체
로서 찬송hymns과 신령한 노래들Spiritual songs을 언급하는 것은, 이
사실과 더욱 밀접히 관계된다. 즉, 사도적으로 승인되고 공인된 성소
the sanctuary에서의 보다 구체적인 예배에서 하나님을 찬양하는 매
체에 대한 질문에 대해. 다른 말로 하자면, 더욱 일반적인 예배의 실
행에 있어서, 만일에 사도적으로 추천된 매체나 노래의 자료들이 시
편과 찬송hymns, 그리고 신령한 노래들Spiritual songs이라고 한다면,
분명 시편, 찬송, 신령한 노래들보다 못한 것들도 교회의 집회에서
더욱 구체적인 예배의 행사에 사용하도록 권장되었을 것이다. [하지
만] 만일에 시편, 찬송, 신령한 노래들이 보다 덜 형식적인 예배의 행
사에 있어서 하나님을 찬양하는 노래의 자료의 한계라고 한다면, 더
욱 형식적인 예배의 행사의 한계는 얼마나 더하겠는가? 아울러 이들
두 본문들에 대해 다음과 같은 고려할 점들을 염두에 두어야 한다.

(1) 우리는 시편, 찬송, 신령한 노래와 같은 단어들을 명시적 의미
denotation나 언외의 의미connotation로서 어떤 현대적 용법에 따라
결정할 수 없다. 오히려 그 의미와 언급은 성경의 용법에 따라 결정
해야만 한다.

(2) 성경의 용법과 관련된 몇 가지 사실들은 매우 중요하다. 'psalmos'(psalm)라는 단어는 헬라어 성경에서 약 94번, 즉 70인역 LXX 버전의 구약에서는 약 87번, 신약에서는 7번[54] 나온다. 70인역에서 이 가운데 78개 정도가 시편서에 있다. 시편서의 대부분의 경우, 전체 67개 정도는 시편의 제목에 나타난다. 신약성경의 일곱 가지 사례들 중 세 가지에서 이 단어는 틀림없이 시편과 관련하여 사용되며, "시편서"(헬: biblos psalmon)라는 구절 가운데서 두 가지 경우와 두 번째 시편과 관련한 다른 경우 안에서 사용된다. 따라서 94개의 사례들 중 70개의 사례에서 시편서 또는 시편서에 대한 참조가 분명하게 있다는 것은 확실히 중요한 것이다.

'humnos'(hymn)라는 단어는 헬라어 성경에서 약 19번이 나오는데, 구약성경에서 17번(?), 신약성경(고려 아래에 있는 구절들 안)에서 2번 나온다. 17개의 구약성경의 사례들 중 13개는 시편서에, 6개는 제목들 안에 있다. 제목 안에 나오지 않는 일곱 가지 경우에서의 언급은 각각의 경우에 있어서 하나님에 관한 찬양에 대한 것이거나 시온의 노래에 대한 것이다. 구약성경의 다른 책들 안에 있는 네 가지의 다른 사례들도 마찬가지로 하나님에 관한 찬양의 노래들에 대한 것이다.

---

54) 70인역(septuaginta, LXX)은 기원전 300년경에 고대 그리스어인 코이네 헬라어로 작성된 헬라어 구약 성경으로, 신약 성경에서 구약 성경에 해당되는 성경 구절들을 인용할 때에 이 70인역 본문을 사용한 경우가 많다. 통상적으로 예수님 당시에도 여러 회당들에서 70인역 성경이 광범위하게 사용되었다. 이는 사도 바울의 경우에서도 확인할 수 있는 바로서, 구약 성경의 '시편'을 신약 성경에서 언급할 때의 단어 'psalmos'도 70인역 구약 성경에서 그대로 인용한 단어다.

'odee'(song)라는 단어는 헬라어 성경에서 약 86번 나오는데, 구약에서 약 80번, 신약에서 6번 나온다. 이 두 구절(엡 5:19; 골 3:16)을 제외하고는 신약성경의 계시록에서만 나온다. 구약성경에 나타나는 80번 가운데 약 45번이 시편에 있는 것이며 36번은 시편의 제목에 있다.

그러므로 시편서에서 이들 단어의 발생 비율이 얼마나 큰지는 확실히 명백하다. 이러한 사실들 자체는 엡 5:19에 언급된 내용을 증명하지 않으며, 골 3:16은 전적으로 시편서에만 해당된다. 그러나 우리가 이 두 본문에 언급된 음악적 구성의 성격을 결정하기 위해 나아가면서 이러한 사실을 잊지 말아야만 한다.

(3) 신약성경에서 'psalmos'라는 단어는 지금 언급 한대로 일곱 번 나온다. 이러한 사례들 중 두 가지가 우리의 고려중인 본문 안에 있다. 이러한 사례들 가운데 하나는 이미 다룬바 있는 고전 14:16절[55] 이다. 두 번째 사례(눅 20:42; 행 1:20)는 시편서(biblos psalmon)를 참조한 것이다. 눅 24:44절[56]은 구약성경에서 영감을 받은 성경과 아마도 시편을 분명하게 언급한 것이다. 행 13:33절[57]은 두 번째 시편을

---

55) "그렇지 아니하면 네가 영으로 축복할 때에 알지 못하는 처지에 있는 자가 네가 무슨 말을 하는지 알지 못하고 네 감사에 어찌 아멘 하리요." ※"축복할 때에"는 헬라어 상으로 'to praise'로도 번역될 수 있는 'εὐλογῇ'라는 단어의 해석이다. 그러므로 이 보고서에서는 찬양의 의미로서 이 구절을 언급하는 것으로 보인다.

56) "······곧 모세의 율법과 선지자의 글과 시편에 나를 가리켜 기록된 모든 것이 이루어져야 하리라 한 말이 이것이라 하시고"

57) "······시편 둘째 편에 기록한 바와 같이 너는 내 아들이라 오늘 너를 낳았다 하

참조한 것이다. 이러한 경우들에 있어서 "시편"이 영감을 받지 않은 인간의 저작물임을 의미한다고 가정할 수 있는 어떠한 보증도 없다. 대부분의 경우에 있어서, 그 참조는 의심의 여지가 없이 영감 된 성경이다.

신약성경에서 'humnos'라는 단어는 오직 이러한 두 구절에서만 나온다. 동사 'humneo'(찬송으로)는 네 번(마 26:30, 막 14:26, 행 16:25, 히 2:12) 나온다. 이미 우리가 발견한 바와 같이, 공관복음의 구절들은 아마도 우리 주님과 그분의 제자들이 'Hallel'의 노래를 불렀던 것과 관련이 있을 것이다. 행 16:25절[58]은 감옥에 있는 바울과 실라의 노래를 언급한다. 히 2:12절은 구약성경(시 22:23절)으로부터-en meso ekklesias humneso se-인용한 것이다.

[그러나] 영감 되지 않은 찬송hymns의 사용을 뒷받침하는 용법으로부터는 어떠한 증거도 추가할 수 없다.
이들 두 경우와는 별개로 'odee'라는 단어는 오직 계 5:9; 14:3; 15:3절에서만 신약에서 나온다.

그런즉 신약성경에서 영감을 받지 않은 노래와 관련해서 이 단어들이 여기에 사용될 수 있다는 증거를 찾을 수가 없다(엡 5:19; 골 3:16). 'odee'는 시편에 있는 노래가 아닌 다른 노래와 관련하여 계시록에서

섰고" ※ 시 2:7절의 인용.
58) "하나님을 찬송하매"-ὑμνουν τὸν θεόν-

사용되었지만, 그러나 영감을 받지 않은 인간 작곡과 관련하여 사용된 것이 아니라 영감을 받은 노래에 대한 언급과 관련하여 사용되었다.

(4) 이제 우리는 이미 논의한 것들보다 훨씬 더 중요한 몇 가지의 사실들을 고려하는 데에 이르렀다. 시편서The Book of Psalms는 시편psalms, 찬미hymns와 노래들로 구성되어 있다. 우리는 이미 두 언약 모두에 있어서 이 단어의 압도적인 대부분이 시편서와 관련이 있음을 발견했다. 우리는 이제 시편의 제목들에서 이러한 단어들의 의미에 대해 논의하고자 한다.

70인역 안에서 시편의 제목들에는 약 67번이 나온다. 대부분의 경우에 있어서 이것은 히브리어 'mizmor'의 번역이지만, 극히 일부의 경우에 이는 다른 히브리어 단어의 번역이다. 제목 안에 'psalmos'라는 단어가 나오는 빈도는 아마도 'psalmoi'가 70인역LXX에서 단순히 시편서the Book of Psalms라고 부르는 이유 일 것이다. [그리고] 히브리어로는 'tehillim'이라고 불린다.

그러므로 헬라어로 된 구약 성경에 익숙했던 신약성경의 기록자들이, 이 단어를 'psalmos'로 사용했을 때에 반드시 시편서를 염두에 두었을 것이다. 신약성경 안에서 "시편psalm"이라는 단어의 의미에 대해 이 단순한 사실을 떠맡을만한 증거, 즉 시편이 단순히 "Psalms"(psalmoi)라고 불렸다는 사실을 떠맡은 증거조차 없다. 신약

성경 자체의 용법은 그 자체로 이러한 것을 의심할 모든 여지가 없게 한다. 그곳에서 시편은 시편서라 불린다.

이들 두 구절들passages의 맥락에서 우리가 "시편"psalms을 영감 되지 않은 작곡을 가리키는 것임을 고려하도록 요구하는 것은 없다. 반면에 "시편"psalm이라는 단어가 영감 된 작곡을 가리키는 것임을 보여주는 성경의 다른 사용의 사례들은 많이 있다. 게다가 하나님께 대한 찬양의 노래와 관련하여 사용 된 "시편"psalm이라는 단어가 영감 되지 않은 노래를 가리키는 것으로 볼 만한 경우는 없다. 그러므로 이들 두 구절에서 "시편"psalms이 영감 되지 않은 노래를 지칭하는 것이라고 간주하는 것은 보증할 수 없으며, 그에 반해 영감 된 작곡들을 의미하는 것으로 간주할만한 충분한 보증이 있을 뿐이다. 따라서 만일 우리가 성경이 제공하는 증거의 노선을 따른다면, 우리는 영감의 한계 안에서 여기에 언급된 "시편"psalms을 찾아야한다.

우리가 발견한 바와 같이, 'humnos'라는 단어는 칠십인역 버전에서 약 17번 등장한다. 열세 가지 경우에 있어서 그것은 시편서the Book of Psalms 안에서 등장한다. [그리고] 5~6번의 경우에 히브리어 'neginoth' 또는 'negisah'의 번역으로 시편the Psalms의 제목 안에서 나타난다. 시편the Psalms의 본문에서 'humnos'가 히브리어로 시편서를 가리키는데 사용하는 단어인 'tehillah'를 히브리어 단어로 번역한 것임은 상당히 중요하다. 이것은 시편psalms이 찬미hymns라고 할 수 있고 찬미가 시편임을 나타낸다. 시편Psalms과 찬미hymns

는 서로 배타적인 것이 아니다. 시편은 시편일 뿐만 아니라 또한 찬미일 수도 있는 것이다.

이러한 사실은, 성경의 사용 가운데서 "찬미"hymn가 의미하는 작곡의 유형the type of composition을 찾을 때, 그것을 시편에서 찾을 수 있음을 보여준다. 그리고 우리는 찬미hymn가 성경의 용법 안에서 영감 되지 않은, 인간의 작곡을 가리킨다는 증거를 전혀 가지고 있지 않다.

'odee'라는 단어는 'humnos'라는 단어보다 시편Psalms의 제목들에서 훨씬 더 자주 등장하지만 'psalmos'라는 단어만큼 자주 나오는 것은 아니다. 그것들은 약 36가지의 사례들이 있다. 그것은 일반적으로 히브리어 단어 'shir'의 번역이기는 하지만, 그러나 항상 그런 것은 아니다. 때때로 그것은 통상적으로 시편이라 번역된 단어인 'mizmor'의 번역이다. [다만] 'Odee'는 시편의 제목들에서 너무 자주 등장하므로, 그 의미는 확실히 그것의 용례에 의해 영향을 받을 것이다.

우리가 이끌 수 있는 결론은 구약성경의 그 책 안에서 이러한 단어들이 나오는 빈도가 다양한 시기에 다양하게 영감 받은 기록자들이 작곡한 노래의 모음이라는 점에서 독특하다는 것이며, 시편psalms, 찬미hymns와 노래들songs로 구성된 뚜렷이 구별되고 독특하게 두드러지는 책으로, 영감 된 기록자들의 사용에 있어서 이러한 단어들의 의미를 가장 확실하게 결정하는 경향이 있다는 점이다. 이 문제의 해결에 있어서 칠십인 역의 언어의 중요성과 비교할 수 있는 다른 기준은 모든 논쟁을 넘어서서 그야말로 이것뿐이라는 것이다. 우리가 신약성경 가운데서 가지고 있는 유일한 긍정적인 증거와 함께 취하자면 그 증거는 바울이 "시편, 찬미와 신령한 노래들"을 썼을 때 독자들의 마음이 성경 자체의 용어, 즉 "시편, 찬미와 신령한 노래", 즉 시편서 the Book of Psalms를 생각할 수 있을 것임을 기대했을 것이라는 압도적인 결론으로 이끈다.

(5) 그 증거는 사도가 "시편, 찬미와 신령한 노래"를 의미하는 세 가지의 다른 그룹이나 음악적 작곡의 유형을 지칭한다는 결론을 보증하지 않는다. 이와 관련하여 시편의 제목들 안에서 몇 가지 경우에 있어서 이들 세 단어가 모두 등장한다는 것이 중요하다. 많은 경우에 있어서 "시편"psalm과 "노래"song라는 단어가 같은 제목으로 사용되는 것이다. 이것은 음악적 작곡이 동시에 시편, 찬미와 신령한 노래가 될 수 있음을 보여준다. 물론 그러한 단어들은 그것들만의 독특한 의미를 가지고 있으며, 그러한 독특한 의미는 사도가 염두에 두고 있는 노래의 자료들의 다양성과 풍부함을 암시 하는 것일 수 있다. [그러나] 바울은 성경의 확립 된 용법 안에서 노래의 봉사에 있어서 하나님께 대한 예배에 적합한 다양한 음악적 작곡들을 지정하는 세 단어들을 사용한 것이다.

(6) 바울은 노래의 성격을 "영적"-odais pneumatikais 으로 열거한다.

신약성경에서 'pneumatikos'라는 단어를 사용하여 명백해지는 것이 있다면, 그것은 "성령께서 주신", '은사'present와 같은 맥락에서의 성령과 수단을 언급하고 있다는 것이다. 그 의미는 트렌치가 주장하는 바와 같이, "영적인 인간이 작곡하고 영적인 사물의 영역으로 움직였다"(Synonyms, LXXVIII)는 것과 같이, 전혀 의미가 없는 것이다. 그것은 오히려 마이어가 주장한 바와 같이 'theopneustos'로서, "성령으로부터의 진행"(엡 5:18절의 명령)이다. 이 문맥에서 그 단어는 고전 2:13절의 'logois'에서와 같이 "성령에 의해 지시된"을 의미한다……'pneumatikois'는 "영에 의해 영감을 받은 단어" 그리고 "영의 가르침"(didaktois pneumatos)이다.

물론 [이에 대한] 질문이 발생한다. 'pneumatikos'라는 단어가 'psallmois'와 'humnois'가 아닌 'odais'를 한정하는 이유가 무엇인가? 이 질문에 대한 합리적인 대답은 'pneumatikais'가 세 여격datives 모두에 자격이 있고 그 성별(여성형)은 가장 가까운 명사의 성별에 대한 이끌림 때문이라는 것이다. 골 3:16절에서 연계 접속사를 생략함으로써 특히 그럴듯한 또 다른 가능성은 그 "신령한 노래"가 "시편"과 "찬미"가 종the species인 속the genus이라는 것이다.

이러한 가정들 가운데서 시편psalms, 찬미hymns와 노래songs는 모두 "영적"이므로 모두 성령의 영감을 받은 것이다. 문제가 되는 질문에 대한 이러한 관계는 아주 분명하다. 영감 되지 않은 찬미[혹은 찬송, hymns]는 즉시 제외되는 것이다.

그러나 우리는 그 절의 문법적 구조에 있어서 "신령한"Spiritual이라는 단어가 "노래"라는 단어에 국한되어 있다는 분명한 가능성을 허용해야 할 것이다. 이러한 가설 위에서 "노래"는 "영적"인 것으로 특징지어지며, 따라서 성령으로부터 영감을 받거나 성령으로부터 받아쓴 것으로서 특징지어진다. [그리고] 이는 적어도 충분하게 명확해야만 한다.

[하지만 그럴 경우에는] 다음과 같은 문제가 발생한다. "시편"과 "찬미"[혹은 찬송]은 영감을 받지 않은 상태에서는 영감을 얻어야하는 "노래"일 뿐인가? 그 물음에 대한 의문은 그러한 가설의 비합리성을 보여주는데, 특히 우리가 이러한 단어의 사용에 관하여 이미 보여준바 모든 것을 염두에 두고 있을 때 더욱 그러하다. 바울은 "시편"psalms과 "찬미"hymns가 필요하지 않은 반면 "노래"songs는 신성한 영감을 받아야 한다고 주장할만한 어떤 근거를 가지고 있었는가? 성경의 용법 안에서는 한편으로는 시편과 찬미, 다른 한편으로는 노래 사이의 강력하고 신속한 구분선이 없었다. [그런즉] 사도적 규정 안에서 그러한 식별에 대한 어떠한 좋은 근거를 찾는다는 것은 사실상 불가능하다.

그러한 추정의 불합리함은 우리가 "시편"이라는 단어에 대한 성경적 용법을 기억할 때 더욱 결정적으로 나타난다. [그리고] 사도의 "시편"이 그러한 용법에서 영감 되지 않은 인간의 작곡들을 의미하는 것일 수 있다고 가정할만한 증거는 거의 없다. 오히려 모든 증거들은, 반대의 결론을 내리는 데에 주어진다.

그 때에 우리는 시편이 영감 된 것을 본다. 노래들은 "신령한"Spiritual이라는 특징을 부여받았다는 점에서 영감 된 것이다. 그렇다면 찬송에 대해서는 어떠한가? 그것들은 영감 되지 않을 수가 있는가? 이미 언급한 바와 같이, 사도가 시편이나 찬미는 영감 되지 않을 수 있지만 노래에는 영감 되는 것을 요구한다는 것은 완전히 불합리한 가설에 지나지 않을 것이다. 이것은 우리가 이미 확립한 바와 같이, 시편과 노래가 영감을 받았다는 것을 인식할 때, 더욱 설득력이 있게 된다. 만일 찬미가 영감 되지 못했고 시편과 노래들이 영감을 받았다면 그것은 참으로 이상한 차별일 것이다. 그러나 만일에 바울이 노래들은 영감을 받아야 하지만 찬미는 아니라고 주장해야 한다면 그것은 터무니없을 정도로 이상할 것이다. 찬송과 노래 사이에 후자는 영감을 받아야 하지만 전자는 영감을 받지 못할 수도 있는 어떤 구별이 그려질 수 있겠는가? 우리는 사실, 실제 명시에 관한 어떠한 구별이 있다고 확신할 수가 없다. 비록 우리가 각 단어의 뚜렷한 색깔을 유지한다고 해도 영감과 영감 되지 않음 사이의 구별이 유지될 수 있을 만큼 그렇게 근본적인 구별이 유지될 이유는 찾을 수가 없다.

[또한] 그때에 우리가 도달할 수 있는 유일한 결론은 엡 5:19; 골 3:16의 "찬미"hymns는 명백한 함축에 의해 "시편"psalms에 준하는 것과 같은 "신령한" 소양을, 그리고 명시적 자격으로 "노래"songs에 부여되는 것과 동일한 소양이 부여되어야 하는데, 이것은 사도가 당연하게 받아들였으며, "신령한"이라는 단어가 세 단어 모두에 해당하는

것으로 간주되기 때문에, 또는 "신령한 노래"가 "시편"과 "찬미"가 종
the species인 속the genus이었기 때문에, 혹은 교회의 용법가운데서
"시편"과 같은 "찬미"는 그들 자신의 권리로 인식 될 것이기 때문에,
그리고 그것들이 다른 범주에 속하지 않는다고 언급 된 문맥 때문에,
시편과 노래가 차지하는 범주보다 "신령한" 소양을 고려해야 한다는
것이다.

이 두 구절과 관련하여 우리는 다음과 같은 결론을 내릴 수밖에 없
다.

(a) "시편, 찬미, 신령한 노래"가 영감 되지 않은 인간의 작곡을 지칭
하는 것일 수 있다고 생각할만한 보증은 없다. [아울러] 이 본문들은
하나님께 대한 예배에서 영감 되지 않은 노래를 부르는 것에 대한 어
떠한 승인도 우리에게 제공하지 않는다.

(b) "시편, 찬미, 신령한 노래"가 영감 된 작곡들을 가리킨다는 결론
을 내릴 수 있는 보증이 있다. 그러므로 이들 본문들은, 하나님께 대
한 예배 가운데서 영감 된 노래를 부르기 위한 보증과 더불어서 우리
에게 제공된 것이다.

(c) 시편서The Book of Psalms는 우리에게 시편들psalms을 제공하며,
영감 된 찬미와 노래들은 그러므로 엡 6:19; 골 3:16절에 언급된 종
류의 작곡들과 함께한다.

2. 일반적인 결론

성경으로부터 도출된 증거에 대한 이러한 조사들은, 소위원회의 판단 가운데서 성경의 어떤 증거도 하나님께 대한 공적인 예배에서 영감 되지 않은 인간의 작곡들을 노래하는 것을 정당화할 수 있는 근거가 없음을 보여준다. 위원회의 보고서는, 우리가 그러한 노래의 사용에 대한 보증을 지니고 있음을 주장한다. 소위원회는 위원회의 논거의 그럴듯함을 잘 알고 있으니, 즉, 기도의 비유에서 나온 주장과 신약성경 안에서 주어진 계시의 확장에 발맞춰 노래의 내용을 확대해야 할 필요성으로부터 도출된 주장이 그것이다. 이러한 주장들 중 전자는, 이 보고서의 앞부분에서 이미 다루었다. [그리고] 후자는 훨씬 더 설득력이 있다. 하지만 답변의 방식으로 언급함이 요구되는 두 가지의 고려사항들이 있다.

ⓐ 우리는 구약 성경 혹은 신약 성경으로부터 영감 되지 않은 찬양을 부르는 것을 통한 교회의 신앙의 실천 가운데로 계시의 확장이 받아들여진 것으로 표현하는 어떠한 증거도 가지고 있지 않다. 이것은 에누리하여 생각할 수 없는 사실이다. 만일 우리가 구약 성경의 시대에 교회가 하나님을 예배하는 데 있어서 영감 되지 않은 노래를 부르는 것을 진행하는 가운데서 계시를 표명한 증거를 가지고 있다면, 특히 신약 성경의 상대적인 침묵에 비추어 볼 때, 비유로부터의 주장은 오히려 결정적인 것이 될 것이다. 그러나 구약 성경의 예배에 있어서 영감을 받지 않은 노래의 사용을 증명할만한 증거는 산출되지 않

앴다. 또한, 만일에 신약성경의 예배에 있어서 영감을 받지 않은 노래를 사용한 사례가 추가될 수 있다면, [그에 대한] 위원회의 논거the argument가 성립될 것이다. 그러나 신약 성경에 노래의 확대가 있었다는 것을 보여주기 위해 위원회가 인용한 바로 그 사례들은 영감을 받지 않은 노래가 사용되었다는 것을 보여주지를 않는다. 그러므로 우리는 신약 성경에 있는 교회의 실행에 있어서 영감을 받지 않은 노래의 사용을 보여주는 증거가 없기 때문에, 위원회의 주장은 성경으로부터의 승인을 얻을 수 없다고 결론을 내릴 수밖에 없다. 하나님의 교회는 이 문제에 있어서, 예배의 실제 내용과 관련된 다른 모든 문제에서와 같이, 성경의 허가 한계에 제한되어야 하는데, 우리가 하나님에 대한 공적인 예배에 있어서 영감 되지 않은 노래의 사용에 대해 탄원할 증거를 가지고 있지 않다는 것이 소위원회[59]의 주장이다.

"신약 성경은 존속하지 않으며 우리의 현재에 표준이 될 수도 없는 초대 교회의 상황을 다룬다."는 위원회의 주장은, 성경의 규범적 성격을 충분히 고려하지 않은 실책이다. 오늘날 우리에게는 영감의 은사가 없기 때문에 영감을 받은 노래를 작곡할 수 없다는 것은 사실이다. 그러나 성경은 우리가 교회에서 영구적인 정황 가운데서 하나님을 예배하는 방식을 우리에게 규정하고 있다. 그리고 성경은 영감된 노래의 사용을 보증하고 규정하지만 영감 되지 않은 노래의 사용을 보증하지는 않기 때문에, 우리는 성경 자체에 의해 우리에게 제공

59) 13회 총회에서 보고서를 제출한 Robert S. Marsden을 의장으로 하는 위원회이자, 이 보고서에 앞서 제출된 보고서를 작성한 위원회.

되는 영감 된 자료들로 우리 스스로를 제한해 두어야한다. 다시 말해서, 성경은 노래의 실제적 내용의 작곡에 있어서 교회가 현재 소유하고 있는 그러한 은사들을 행사하는 것에 대한 어떠한 보증도 제공하지 않는다.

ⓑ 만일에 계시의 확장으로부터 도출된 주장이 성경 승인의 범위 내에서 적용된다고 한다면, 그러한 것 다음으로 확립할 수 있는 최대한은, 신약 성경의 노래들을 사용하는 것 혹은 신약 성경의 자료들을 번안하여 노래하는 것이다. 원칙적으로 소위원회는 신약 성경의 노래가 하나님을 경배하는 데 사용될 수 없다고 주장하는 것을 허락하지 않는 것은 아니다. 우리가 가장 허락하지 않는 것은 성경이 영감된 노래들의 사용을 승인한다는 것으로, 그것은, 성경 노래들, 그리고 하나님을 예배 할 때에 성경 밖의 다른 노래들을 부르는 것으로, 그것은 하나님의 말씀에 대한 보증이 없으므로 금지되어 있다.

이러한 연구들을 바탕으로 소위원회는 제14차 총회에 다음과 같은 결론을 정중하게 제출한다.

1. 성경에는 공적인 예배에서 하나님을 찬양하는 노래를 할 때 영감을 받지 않은 인간의 작곡들human compositions을 사용하는 것에 대한 보증이 없다.

2. 영감 된 노래들inspired songs을 사용함에 관한 명백한 권위가 있

다.

3. 신성한 예배의 노래들The songs of divine worship은 그러므로 성경의 노래로 제한되어야만 하는데, 왜냐하면 그것들만이 영감을 받았기 때문이다.

4. 시편The Book of Psalms은 우리에게 성경의 권위를 가지는 종류의 곡들을 제공한다.

5. 우리는 그러므로 시편을 부르는데 있어서 신적인 인가와 승인을 확신한다.

6. 우리는 비록 다른 영감을 받은 노래들inspired songs을 사용하는 것이 성경이 명백하게 부여하는 기본 원칙, 즉 영감을 받은 노래의 사용이 위배되지 않는다 하더라도, 다른 영감을 받은 노래들이 하나님을 예배할 때 부르도록 의도된 것인지 확신 할 수가 없다.

7. 영감 받은 다른 노래들의 사용과 관련한 불확실성을 고려하여, 우리 자신들은 시편the Book of Psalms에 국한하여야만 한다.

John Murray
William Young
정중히 제출함

동의를 수반한 이 두 보고서는, 제13차 총회에 제출된 보고서와 함께 제15차 총회에 보내지며, 또한 이 보고서는 제15차 총회에서 보다 철저하게 검토하기 위해, 그리고 다음 한 해 동안의 진지한 연구를 위해 노회와 당회에 제출되어야 한다.

제 15, 16회 O·P·C 총회

항의서[60]

아래 서명자인 우리는, 네 가지 교리의 위원회가 연구한 논란에서 자신의 견해에 반대하는 측의 공식은 신학적 건전성의 시험으로 간주하지 않을 것이라고 말한 Floyd E. Hamilton 목사를 안심시킬 수 있는 수정안을 통과시키지 못한 총회의 조치에 대해 정중하게 항의한다.

우리는 이 위원회에서 다음과 같은 교리가 보고되었음을 지적할 것이다. 하나님의 불가해성Incomprehensibility, 죄와 중생이 영혼의 지적인 활동에 미치는 영향, 복음의 값없는 제시Free Offer가 그것이다. Nr. 위원회의 일원으로서 해밀턴은 하나님의 불가해성 교리의 공식화에 동의했다. 다른 두 가지 교리에 대해서는 6명의 위원들 중 세 명만이 위원회 보고서에 동의했다. 나머지 세 명은 일치하지 않는 것으로 기록되어 있다. 우리는 보고서에서 위원회의 절반에 의해 제시된 결론이 신학적 건전성의 시험처럼 의회의 승인과 함께 이용되지 않을까 두렵다.

우리는 또한 총회의 조치가 개정의 계기가 된 사안issue을 둘러싸고

60) 이 항의서는 1948년 5월에 뉴저지 와일드 우드에서 열린 제15회 총회에 제출된 것이다

우리의 교회로부터 목사의 철수 절차를 중지하는 조치의 필요성을 무시했기에 항의한다.

다시 한 번, 우리는 총회가 교회의 많은 사람들이 안수와 교회의 선교사로서 봉사하는 것을 위한 추가적인 신앙고백 외에 시험들로 여기는 것들을 공고pronouncement하지 않았다는 점에 항의한다.

RICHARD W. GRAY

EDMUND P. CLOWNEY

ROBERT STRONG

HERBERT J. HOEFLINGER

RAYMOND M. MEINERS

HERBERT S. BIRD

MATTHEW McCRODDAN

ALAN TICHENOR

RALPH E. CLOUGH

WALTER T. OLIVER

ROBERT BEEKMAN BROWN

HENRY E. WADE

C. M. MAYSON

BRUCE A. COIE

GLENN R. COIE

GEORGE O. COTTON

F. S. DYRNESS

ROBERT L. VINING

MARTIN J. BOHN

ARTHUR O. OLSON

STELWIN F. BROWN

아래 서명자의 항의는 위의 처음 두 단락에 대해서만 적용된다.
JAMES W. PRICE

본문 및 증거본문 위원회

위원회는 신앙고백을 위한 증거본문을 수정하는 작업이 제24장 11항까지 진행되었음을 제16회 총회[61]에 정중히 보고한다. 그러나 적어도 18개월 동안 더 이상의 작업을 수행하지 못했다. 이러한 중단에는 여러 가지의 지유가 있다. 그러한 이유들 중 다음을 언급할 수 있다.

1. 위원회 위원장은 1948년에 약 7개월 동안 나라를 떠나있었다.

2. 1948년의 가을, 위원회의 위원 중 한 명이 정통장로교회에서 탈퇴했다.

3. 다른 긴급한 임무들을 고려할 때 위원회의 위원들은 이 작업에 시간과 에너지를 투자하는 것이 어렵다는 것을 알 수가 있었다.

[따라서 본] 위원회는 제16차 총회에 위원회를 해산하고 업무를 중단할 것을 권고한다.

위원회의 의장
John Murray
정중히 제출함

---

61)   이 보고서는 1949년 7월에 캘리포니아 로스앤젤레스에서 열린 제16회 총회에 제출된 보고서다.

Epilogue

O·P·C 총회 보고서에 내포된
의미들의 개괄[62]

미국에서 1947년도에 총회 보고서에서 중요한 현안의 문제로서 다루어 졌던 예배의 '규정적 원리'the regulative principle는, 성경에 기록된바 "시와 찬미와 신령한 노래들"이라고 하는 문구에 의해 실제적으로 논의되었다. 즉, 엡 5:19절과 골 3:16절에 대표적으로 언급된 공적인 예배에서의 '노래'의 사용에 관한 주제가 예배의 규정적 원리를 바탕으로 심도 있게 제기되어 논의된 것이다.

애초에 이 문제를 본격적으로 논의하게 된 발단은, 제13회 O·P·C 총회에 제출된 "예배에서의 노래에 관한 위원회의 보고서"에 기인하며[63], 그 보고서의 제출은 당시 총회의 의장이었던 마르스덴Robert S. Marsden의 이름으로 이뤄진 것이었다. 그리고 제13회 총회에 제출된 공적인 예배에서의 노래의 사용의 주제에 관한 심도 있는 논의는 제대로 이뤄질 수 없었는데, 이는 "정통장로교회 제13회 총회에서 발표된 본문 및 교정 본문에 대한 위원회의 보고"에서 존 머레이John

---

62) 이 글은 O·P·C 총회 보고서와는 별도로, 번역자에 의해 작성된 것이다.

63) 물론 더욱 근원적으로는, 제11회 총회에서부터 시작되며, 심지어는 1936년 5월 10일에 필라델피아의 체스턴 일에 있는 웨스트민스터 신학교에서 이뤄진 제6회 총회에서 채택한 예배모범The Directory에까지 소급될 수 있는 논의로 보인다.

Murray에 의해 짤막하게 보고된 바에서 파악할 수 있듯이, "위원회의 위원들이 더욱 긴급한 성격의 다른 작업이 너무 과도하여 이 작업을 계속하기에는 시간과 에너지가 부족했기 때문"이었다. 당시 이미 신앙고백의 본문에 대한 진지한 논의가 이루어지고 있었으며, '하나님의 불가해성'Incomprehensibility, 죄와 중생이 영혼의 지적인 활동에 미치는 영향, 복음의 값없는 제시Free Offer의 교리에 관련한 신학적 논쟁이 진행 중이었기 때문에, 제13회 총회에 제출된 이 보고서의 문제를 진지하게 다룰만한 충분한 시간과 여력이 없었던 것이다. 그러므로 이 주제에 관한 논의는 제14회 총회로 이관되어 논의되었으며, 실질적으로 논의될 문제와 합당한 입장과 관련해서는 제14회 총회의 보고서 가운데서 확연히 분류되기에 이르렀다. 이후로 두 가지 입장으로 확연히 분류되는 이 주제에 관한 논의의 결론은 제15회 총회로까지 연계되었는데, 제15회 총회에서는 이 책에서 번역하여 첨부한 항의서에서 볼 수 있듯이, 하나님의 불가해성, 죄와 중생이 영혼의 지적인 활동에 미치는 영향, 복음의 값없는 제시와 같은 신학적 문제들에 관한 항의가 제기되었고, 그와 관련하여 혼란스러운 여러 일들이 있었기 때문에 제16회 총회에 이르기까지 명확하게 결론을 내린 보고서가 제출되거나 채택되지는 못했다. 그리고 이는 마지막에 첨부된 본문 및 증거본문 위원회의 짤막한 보고서에서 여실히 실감할 수 있는 바다.

물론 이러한 연약함과 제한에도 불구하고, 이러한 O·P·C 총회의 보고와 논의들 가운데서 우리들은 중요한 장로교회의 실천적 토대를 확인할 수 있는데, 그것은 바로 이슈가 되는 신학적인 주제들이나 문제 등을 보고하고 논의하는 신학적 회의의 자리로서 총회가 이뤄지고 있다는 점이다. 서류상으로 보고된 다른 여타한 수의와 안건들과 구별되게, 중요한 신학적 문제들에 대한 진지한 연구와 보고, 그리고 토의를 통한 총회적 결론의 도출이야말로 총회를 소집하는 중요하고도 중심적인 목적임을 분명하게 확인할 수가 있는 것이다. 반면에 우리나라에서 장로교회의 총회는 이러한 주된 목적과 부수적인 목적이 전도된 양상을 보이는 경우가 빈번하다. 즉 중요하고도 긴밀하게 논의될 신학적 주제들에 대한 논의는 뒷전이고, 부수적인 사업보고나 사업 안건들에 대한 논의가 오히려 활발하게 이뤄지는 경우를 흔히볼 수가 있는 것이다. 하지만 총회가 소집되는 주요 목적이 바로 신학적 논의와 토의 가운데서 교단 전체의 신학적 일치와 통일을 이루는데 있음을 생각해 볼 때에, O·P·C 총회의 이러한 보고서는 여전히 우리에게 그러한 중요성에 대해 실질적으로 확인하는 자료다.

사실 O·P·C 총회에서는 지속적으로 위원회의 논의를 통해 장로교회가 직면한 신학적 현안들과 구체적인 주제들에 대한 총회의 입장을 제시해 왔다. 그리고 그러한 논의의 중심은 웨스트민스터 신앙고백서의 각 장·절의 문안들과 관련한 개정작업을 진행한 본문 및 교정본문 위원회의 형식으로 이루어져 왔던 것으로 보인다. 그러므로이미 제13회 총회 때부터 본문 및 교정본문 위원회가 긴급한 성격의 작업들로 과도하게 시간과 에너지를 사용해 왔음을 호소했던 것이다. 이러한 총회의 배경을 언급하는 것은, 제13회 총회와 제14회 총회 이외에 예배에서의 노래에 관한 위원회의 보고를 확인할 수 없는 이유가, 이 같은 배경 가운데서 파악할 수 있기 때문이다. 그런즉 예배에서의 노래에 관한 장로교회의 입장이 어떠한 것인지에 대한 결론은, 이 두 총회에 제출된 보고서들 가운데서 내릴 수밖에 없다. 따라서 이 두 O·P·C 총회의 보고서를 볼 때에, 기본적으로 이러한 이해를 숙지하고서 바라보아야 한다.

1. 제13회 총회에 제출된 "예배에서의 노래에 관한 위원회의 보고서"에 관하여

제13회 O·P·C 총회의 보고서는 "[본] 위원회는 할당된 임무를 수행하기 위해 부지런히 고심해 왔다. 아울러 그러한 작업을 완료하는 데에 도움을 주기 위해 광범위한 자료들을 수집하고 부분적인 보고서를 준비했다."는 말로 시작하고 있다. 그런즉 이 보고서는 총회 차원에서의 필요에 의해 작성된 것임을 알 수 있으며, 결코 개인적인 입장에서 작성된 것이 아니라 공적인 의미와 무게 가운데서 작성한 것임을 알 수가 있다. 그리고 그러한 무게는 당연히 O·P·C 총회가 근간으로 두는 신앙고백서와 같은 교리의 표준들에 근거하는 가운데서 진행하게 되는 것이다.

(1) 예배의 규정적 원리

Robert S. Marsden가 의장으로서 제출한 이 보고서는, 가장 먼저

'규정적 원리'the regulative principle를 설명하는 것으로 시작하고 있다. 즉 예배의 요소로서의 노래에 있어서의 원리를 재정립 하는 것으로 시작하고 있는 것이다.

규정적 원리에 있어서 기본적으로 주목해야 하는 것은 루터교회와 성공회가 따르는 '규범적 원리'와 장로교회들이 따르는 '규정적 원리'의 구별이다. 그리고 그 구별은 하나님의 말씀에 규정된 것 외의 자율성이 우리에게 부여되어 있다고 보는 원리(즉 규범적 원리)와 부여되어 있지 않다고 보는 원리(규정적 원리) 사이의 구별이다.

그런데 이 보고서는 언뜻 공적인 예배에 있어서의 규정적 원리를 대비하여 설명하고 있으면서도, 예외exception의 경우들을 언급하고 있다. 특히 [웨스트민스터] 신앙고백 제20장 2항에 있는 "하나님만이 양심의 주인이시며, 따라서 믿음의 문제이건 예배의 문제이건 어떤 것에서든 하나님의 말씀에 반하거나 벗어난 사람의 가르침이나 명령에 양심을 얽매이지 않게 하셨다"고 하는 문구에 대해, "이 항은 기독교인이 성경에서 가르치지 않거나 성경에서 인정하지 않는 방식으로 하나님을 예배할 자유가 있는지에 대한 질문을 반영하지 않는다"고 하여, 다소간 문맥의 판단에 혼란을 초래하는 것으로 보인다. 물론 이후의 설명 가운데 "이 항에서 말하려는 것은 예배의 문제에서 말씀 밖에 있는 모든 것들로부터 양심이 자유롭다는 것으로, 그것은 양심이 말씀 밖에 있는 것들을 자유롭게 사용할 수 있다고 말하지 않는다."고 했지만, 신앙고백 20장 2항의 문맥 자체는 그러한 예외의 인정여부가 아니라 성경에 규정된 예배 자체에 있다는 인상을 주어, 논점을 규정된 예배에 한정하도록 유도하는 것으로 보인다. 하지만 그럼에도 불구하고 예배의 규정적 원리에 대한 전박적인 설명 자체는 명확하다. 즉 "하나님께서는 오직 성경에 규정된 방식으로만 예배를 받으신다."는 것이다.

그런데 Marsden의 이 보고서는 정통장로교회의 제6회 총회가 채택한 "하나님께 대한 공적인 예배를 위한 예배모범"에서부터는 지금까지 전계했던 예배의 규정적 원리와는 다소 상반된다고 볼 수 있는 입장에서 설명하고 있음을 볼 수가 있다. 즉 "한 편으로는 신앙고백, 그리고 대교리문답과 소교리문답"을, "또한 다른 한 편으로는 치리, 권징, 예배의 표준들"을 언급하면서, 그 둘 사이에 "분명한 차이가 있다."고 하여, 신앙고백과 교리문답을 치리서나 예배모범과 구별하여 "전자는 후자보다 더 높은 위치에 있"다고 언급하고 있다. [64]

한편, 아마도 정통장로교회 총회가 별도로 승인하여 채택한 형식인 것으로 보이는 예배모범에 관한 언급들 가운데서 Marsden의 보고서가 향하는 예배에 관련한 방향을 파악해 볼 수가 있다. 그리고 그

---

64) 이러한 구별은 애초에 예배모범이 명시적으로 규정된 형식이 아님을 부각시키는 것을 의도하는 것으로 보인다. 다시 말해 '예식서'(Book of Prayer)의 사용을 정당화할만한 분명하고 명시적인 성경의 언급을 찾을 수 없고, 다만 성경에서 연역할 수 있는 규정적인 원리를 찾을 수 있을 뿐임을 강조하는 맥락이라 하겠다. 즉 "웨스트민스터 표준문서들의 작성자늘이 일관되게 반대하는 고정된 예식서 형식의 종류"를 동일하게 반대하는 맥락을 향하고 있는 것이다.

것은 정통장로교회 총회의 예배모범 2장 7항의 "주 예수 그리스도께서 공적인 예배를 위해 고정된 형태를 규정하지 않으셨지만, 예배의 생명과 능력을 위해 그의 교회에 이 문제에 대해 많은 자유를 주셨다. 그러나 하나님의 말씀과 규칙을 지키고 주님의 영이 계시는 곳에 참된 자유가 있으며, 모든 것이 적절하고 질서 있게 이루어져야만 한다는 것과, 하나님의 사람들은 경건함과 거룩함의 아름다움으로 그분을 섬겨야한다는 것을 잊지 말아야 한다."는 문구를 바탕으로 상당한 자유를 부여하려는 것임을 볼 수가 있다.

(2) 하나님께 대한 공적인 예배에서 부를 수 있는 노래에 대한 가르침

Marsden의 보고서는 "종교적 맹세, 서약, 엄숙한 금식, 감사"와 같은 "특별한 때"에 드리는 예배들과 하나님께 대한 통상적인 종교적 예배로서의 공적인 예배를 구별하여 언급하기를, 공적인 예배에 있어 노래하는 부분은 "시편을 노래하는 것"이라고 말한다. 그러면서 "신앙고백서는 하나님을 예배함에 있어 "시편" 이외의 다른 노래하는 자료들의 사용을 규정하지 않는다."고 명확히 밝히고 있다.

하지만 그러한 시편에 대해 보고서는 시편의 "운율적 설명들"the metrical versions을 언급하면서, (1). 운율적 설명들은 하나님의 말씀으로 불리지는 않는다. (2). 이러한 운율적 설명들은 자주 사용해야 한다. (3). 그러나 예배모범의 이러한 항목은 "시편의 운율적 설명들"

이라 불리는 것 이외의 어떤 다른 자료들을 회중으로 노래하는 데에 사용하는 것을 명시적으로 승인하지는 않으나, 그것을 위해 허용하는 것처럼 보인다는 데에 유의해야만 한다고 설명한다. 그러면서 이러한 설명을 바탕으로 "찬미"라는 단어는 시편이 아닌 신령한 노래를 지칭하는 것으로 받아들여야 할 것이며, 예배모범은 하나님께 대한 공적인 예배에서 시편 이외의 신령한 노래를 부르는 것을 규정할 수 있을 것이라고 밝힌다. 즉 "시편과 찬미와 신령한 노래"라는 문구를 시편의 운율적 설명들과 연관 지으면서, 동시에 그 용법이 시편의 범주를 넘어서는 범위에서의 신령한 노래를 지향하고 있는 것으로 설명하는 것이다.

(3) 예배의 규정적 원리에 관한 하나님의 말씀의 가르침

앞서 전술하여 설명한 바탕 가운데서 Marsden의 보고서는 "예배에 관한 많은 직접적이고 구체적인 계명들은 성경 가운데서 우리에게 주어진다. 그러나 예배의 어떤 실행과 그들에게 의무를 세우기 위해 성경이 제공하는 보증은, 오직 계명들을 표명하는 것만이 아니다. 성경의 명시적인 진술들로부터 선하고 필연적인 결과에 의해 유래하는 것은 성경에 의한 가르침, 승인 또는 보증인 것으로 간주해야 한다."고 설명하고 있는데, 이것이 제13회 총회에 제출된 "예배에서의 노래에 관한 위원회의 보고서"의 논점이자 잠정적 경론으로 보인다. 즉 예배의 규정적 원리와 웨스트민스터 신앙고백과 교리문답들의 취지에도 불구하고, 예배의 노래는 시편 외에 "성경의 명시적인 진술들로부터 선하고 필연적인 결과에 의해 유래하는 것"이라는 맥락 가운데서 어느 정도로 자율성이 부여된다는 것이다.

그러나 이에 대한 결론은 아직 유보된 채로, 다만 "위원회는 이에 대한 논의를 계속할 것을 권고"하는 것으로 최종 결의되어 다음 회기로 연장한 것이 제13회 총회의 위원회 보고서의 결말이다.

2. 하나님께 대한 공적인 예배에 있어서 노래에 대한 제14회 총회의 위원회 보고서에 관하여

제14회 총회에 제출된 이 보고서는 서두에서 밝히고 있듯이, 제13회 총회에 제출된 보고서를 완결한 것이다. 그러므로 이 보고서와 제13회 총회에 제출된 보고서는 한 보고서로 보아야 한다. 따라서 이 보고서는 제13회 총회에 제출된 보고서의 세 번째 소주제와 연관되어, "예배의 규정적 원리에 관한 하나님께 대한 말씀의 가르침(결론)."이라는 소주제로 시작하고 있다.

한편 제14차 총회에 제출된 보고서는 "하나님의 말씀이 예배의 내용과 관련하여 어느 정도의 자유를 실행하기 위한 규정을 만들고 있는 것임을 살펴야 한다."고 하면서, 그 근거를 기도에 있어서의 자율성과 연관하여 설명하고 있음을 볼 수 있다. 즉 "기도와 관련된 이러한 자유는 성경에 의해 두 번째 계명과 다른 성경의 선언들이 우리 예배를 위해 정한 규정적 원리와 양립할 수 없는 것으로 잔주되지 않는다.”는 것이다. 더욱 확실하게, 이 보고서는 “기도와 노래의 내용에 있어서의 유사성은 우리가 기도의 경우에 부여된 자유가 노래의 경우에도 상당히 합법적으로 받아들여질 수 있다고 추론할 수 있을 만큼 가깝고 중요하게 유지될 수 있다.”고 했다. 그리고 이러한 맥락에서 예배 때에 부를 수 있는 노래에 관한 성경의 가르침을 구약 성경의 예와 신약 성경의 예로 각각 구별하여 반증한다.

구약 성경의 여러 예들을 언급하며, 특히 시편에 관해 추적한 보고서의 구약 성경의 예에 있어서의 결론은, “구약 성경에서는 이스라엘 백성들이 현재 보존되어있는 완전한 시편을 사용하도록 요구하는 어떠한 명시적인 명령이나, 오직 시편만으로 된, 예배 안에서의 찬양의 독점적인 매뉴얼도 수립되지 않았다.”는 것이다. 이에 따라 보고서는 “정경이 완결된 후 또는 시편이 현재와 같이 백오십 편을 포함하고 있는 것으로 확정된 후에, 시편 전체가 예배 안에서 독점적인 찬양의 책으로 사용되었음이 명백하지 않거나, 혹은 최소한의 증거도 남아있지를 않은 실정”이라는 것이다.

한편, 신약 성경의 예에 있어서는 ‘시편’이라는 단어가 “신약 성경 안에서 오직 구약 성경의 시편들만을 가리키는 것인지의 여부”임을 전제하면서, 신약 성경 안에서의 실제적인 사용들을 더욱 구체적으로 다루고 있다. 그러면서 이 보고서는 “우리는 신약 성경에 나오는 헬라어 ‘psalmos’가 구약성경의 시편보다 더 넓은 일반적 의미를 가지고 있는 것으로 보인다고 결론을 내릴 수 있다.”고 했다. 마찬가지 맥락으로 엡 5:19절 및 골 3:16절에서 바울 사도가 언급한바 "시[시편], 찬미와 신령한 노래"의 언급에 대해, 구약 성경의 시편을 몸처럼 기술적으로 지칭한 것은 아닌 것으로 알려져 있다고 했다. 물론 70인역에서의 용법에서는 신약의 그러한 단어들이 구약성경의 시편을 지시할 가능성을 보여주며, 그러한 가능성을 부인할 수 없다고도 언급하지만, 그 말이 구약 성경의 시편을 가리키는 말이 아닐 가능성에 대해서도 열어두는 입장인 것을 볼 수 있다.

위원회의 보고서는 최종적으로 "하나님께서 신약성경의 교회에게 시편을 부르도록 명백하게 명하신 것 같지 않기는 하지만, 그러나 선하고 필요한 귀결의 바탕 위에서, 신약성경의 교회에 의해 시편이 빈번하게 사용되는 것은 하나님을 매우 기쁘시게 했다는 생각을 어떠한 주저함도 없이 주장할 수 있을 것이다."라는 다소 자유로움의 여지가 있는 결론을 향하고 있다. 즉 "우리는 하나님의 말씀이 정한 방식으로만 예배할 수가 있는 것이다. 그러나 하나님의 말씀은 기도의 내용 가운데서 자유의 실행을 보증한다. 함축적으로 그리고 신약 성경의 성도들의 승인된 예들 모두에 의해 그것은 또한 노래의 내용에 관한 주의와 함께 자유의 실행을 보증한다. 그렇다면, 노래의 내용은, 우리의 기도의 내용처럼, 성경의 참된 말씀에만 한정할 필요는 없다."는 애매한 결론을 내린다.

3. 하나님께 대한 공적인 예배에서의 노래에 대한 제소 위원회 보고서에 관하여

제13회 총회로부터 시작하여[65] 제14회 총회에서 최종적으로 보고된 "예배에서의 노래에 관한 위원회"의 보고는, 웨스트민스터 신앙고백과 교리문답에 비해 하위의 권위를 갖는 것으로 규정하는 예배모범의 바탕 가운데서 상당부분 자유로울 수 있는 여지를 의도하는 가운데서 마무리 되었던 것에 반해, John Murray와 William Young의 이름으로 작성된 이 보고서에서는 간결하면서도 단호하게 장로교회의 규정적 원리에 따르는 설명을 부가하고 있다. 일반적인 결론의 부분에서 서두에 명료하게 다루고 있듯이, 소위원회에서는 "성경으로부터 도출된 증거에 대한 이러한 조사들은, 소위원회의 판단 가운데서 성경의 어떤 증거도 하나님께 대한 공인 예배에서 영감 되지 않은 인간의 작곡들을 노래하는 것을 정당화할 수 있는 근거가 없음을 보여준다."고 결론을 내리고 있는 것이다. 반면에 제13회 총회로부터 시작하여 제14회 총회에도 보고된 위원회의 보고서에 대해서는, "위원회의 보고서는, 우리가 그러한 노래의 사용에 대한 보증을 지니고 있음을 주장한다."고 분명하게 그 성격을 규정해 주고 있다.

이 보고서에서는 앞서 Marsden의 보고서가 "기도와 노래의 내용에 있어서의 유사성"을 주장하면서, "우리가 기도의 경우에 부여된 자유

---

65) 물론 더욱 근원적인 시작은 "제11차 총회 기간 가운데서 주어진 위임 commission"에 있다.

가 노래의 경우에도 상당히 합법적으로 받아들여질 수 있다고 추론할 수 있다."고 하는데 반해, "하나님을 찬양하는 노래는 독특한 예배 행위라는 점을 인식해야 한다. 예컨대 이것은 성경을 읽는 것으로부터와 하나님께 올리는 기도로부터 구별되어야 한다."고 하면서 "내용의 유사성 또는 본질조차도 하나님께 대한 예배에 있어서 이 두 가지 특정 유형의 시행 사이의 구별을 최소한으로 제거하는 것이 아니"라고 명백히 설명한다. 특히 이 보고서는 "우리가 성경의 가르침의 의문에 대해 우리 스스로 다룰 때에, 우리는 신약성경이 이 문제에 대해 우리에게 많은 지침들을 제공하지 않는다는 것을 알게 된다."고 하면서, "그렇기 때문에 우리는 신적인 승인과 보증의 한계를 넘어서지 않도록 큰 주의를 기울이는 것의 필요성 아래에 있어야 한다."고 언급하는데, 이는 예배의 '규정적 원리'에 충실한 언급이라 하겠다. 바로 그러한 규정적 원리의 바탕에서 이후의 모든 설명과 논증들이 이루어지는 것이다.

한편, 앞서 Marsden의 보고서가 영감의 여부와 관련하여 예배의 노래에 관한 문제를 논의하는 것을 배제하고자 한 것[66]과 달리, "영감 되지 않은 찬미의 노래를 부르는 것에 대해서는 어떠한 보증도 할 수 없다."고 하면서, 특히 성찬의 집례 가운데서 "영감 되지 않은 찬송

---

66) 제14회 총회에 제출된 Marsden의 보고서에서는 "'영감 된'과 '영감 되지 않은'의 구별을 채택하는 것은 초대 교회의 일시적인 실천으로부터 우리의 영구적인 의무에 이르기까지 논쟁하는 오류를 가져올 수가 있다."고 하여, 부정적인 의사를 분명히 한다.

을 불렀다는 증거는 없다."고 명백하게 밝힌다. 아울러 시편이란, 은사적인 시편이었을 가능성이 있으며, 그러므로 확실한 것은 그러한 시편들이 영감을 받지 못한 작곡들이 아니라고 하면서, 또한 우리는 하나님을 경배할 때 영감을 받지 않은 노래를 사용할 수 있는 권한을 부여받지 못했다고 분명하게 설명한다.

그러므로 이 소위원회의 보고서에서는 시편, 찬미[찬송], 신령한 노래와 같은 단어들의 의미와 언급을 성경의 용법에 따라 결정해야만 한다고 보는데, 특히 70인역 성경에서 '시편'–psalmos, '찬미'[찬송]–humnos, '신령한 노래'–odee의 용례는 구약 성경와 신약 성경에서 골고루 찾아볼 수 있으며, 다만 영감 되지 않은 찬송의 사용을 뒷받침하는 용법으로부터는 어떠한 증거도 추가할 수 없음을 밝혀두고 있다. 즉 신약[구약의 경우도 마찬가지] 성경에서 영감을 받지 않은 노래와 관련해서 이 단어들이 여기에 사용될 수 있다는 증거를 찾을 수 없다는 것이다. 오히려 시편, 찬미[찬송], 신령한 노래들은 공히 구약과 신약 모두에 있어서 압도적으로 시편서와 관련하여 성경에 언급되고 있어서, 엡 5:19절이나 골 3:16절에 기록된 그러한 단어들을 성경의 시편의 용례 밖으로 확장할 수 없다. 바울이 그러한 단어들을 사용했을 때에, 그는 150편으로 된 구약의 시편서를 생각하며 사용한 것이라는 결론인 것이다.

이러한 전반적인 설명과 논증의 결말로서, 소위원회의 보고서는 제14회 총회에 보고하기를 "1. 성경에는 공적인 예배에서 하나님을 찬양하는 노래를 할 때 영감을 받지 않은 인간의 작곡들을 사용하는 것에 대한 보증이 없다. 2. 영감 된 노래들을 사용함에 관한 명백한 권위가 있다. 3. 신성한 예배의 노래들은 그러므로 성경의 노래로 제한되어야만 하는데, 왜냐하면 그것들만이 영감을 받았기 때문이다. 4. 시편은 우리에게 성경의 권위를 가지는 종류의 곡들을 제공한다. 5. 우리는 그러므로 시편을 부르는데 있어서 신적인 인가와 승인을 확신한다. 6. 우리는 비록 다른 영감을 받은 노래들을 사용하는 것이 성경이 명백하게 부여하는 기본 원칙, 즉 영감을 받은 노래의 사용이 위배되지 않는다 하더라도, 다른 영감을 받은 노래들이 하나님을 예배할 때 부르도록 의도된 것인지 확신 할 수가 없다. 7. 영감 받은 다른 노래들의 사용과 관련한 불확실성을 고려하여, 우리 자신들은 시편에 국한하여야만 한다."고 제출했다.

역자 후기

미국의 정통장로교회 제11회 총회의 위원회 위임을 시작으로, 이미 1940년대로부터 하나님께 대한 공적인 예배에 합당한 노래로서의 찬송가에 관련한 심각한 양분이 있었음을 이후의 제14회 총회의 위원회 보고서 가운데서 분명하게 확인할 수가 있을 것이다. 그리고 그러한 양분을 간단히 정의하자면, 성경에서 예배의 노래로 공히 언급되어 있는 150편의 시편서 바깥으로 나아가려는 '원심력'centrifugal force과, 150편의 시편서에 한정하는 '구심력'centripetal force의 양상이라 하겠다. 그러나 안타깝게도 미국의 정통장로교회에서조차 제14회 총회에서의 "하나님께 대한 공적인 예배에서의 노래에 대한 소위원회의 보고서" 이후로, 시편을 향한 구심력은 감소하고 원심력이 더욱 강하게 작용하는 변화를 거스르지 못하는 실정이다. 특히 한국의 경우에는 애초에 구심력을 잃어버리고 원심력의 양상으로 모든 예배의 노래들이 진전되어 왔기 때문에, 구심력을 형성하기가 여간 어려운 현실이다. 특히나 현대modern의 실질적인 시작이라 할 수 있는 1950년대 시작을 앞둔 1940년대 말의 마지막 정통주의 장로교회의 구심력을, 현재contemporary의 우리들이 확인해 볼 수 있는 것이 이 글의 의미이자 취지일 것이다.

사실 공적인 예배에서의 노래로서 시편을 사용하는 문제는 결코 작은 의미를 지니는 것이 아니다. 오히려 장로교회의 예배의 원리인 '규정적 원리'를 가장 단적으로 실감할 수 있을 만큼 중요한 현안이 바로 시편송의 사용이다. 하나님께서 성경에 명시적으로 규정하신 바에 대해서는 그대로 따르되, 성경에 명시적으로 규정하시지 않은 바에 대해서는 자율적인 판단을 허용하는 규범적 원리와 다르게, 장로교회의 예배의 원리는 하나님께서 성경에 명시적으로 규정하신 바에 대해서는 그대로 따르되, 성경에 명시적으로 규정하시지 않은 바에 대해서는 금하는 것의 생생한 현안이 바로 공적인 예배에서의 노래로서의 시편의 한정인 것이다.

얼핏 '구심력'이란, 공적인 예배에서의 노래를 기도와 같은 것으로 여기는 가운데서도 발생하는 것처럼 생각될 수 있을 것이다. 즉 하나님께로 향하는 기도와 마찬가지로, 하나님께로 향하는 노래 또한 하나님께로 향하는 것이라는 점에서 구심력의 양상이 아닌가 생각될 수 있는 것이다. 하지만 구심력이란 바깥에서 안으로 향하려는 힘이 아니라 안에서 붙잡는 것이듯, 구심력과 같은 예배의 노래 또한 하나님께서 계시하신 말씀에 한정하는 것을 일컫는다. 그러므로 그러한 구심력이란 애초에 하나님으로 말미암는 것이라 할 것이지, 우리들 스스로 생각하고 규정하는 양상이 아닌 것이다. 우리가 자유로이 예배에 합당한 노래가 무엇인지를 생각하고 판단하는 것이 아니라, 하나님께서 제시하신 노래에 애초에 한정되는 것이 바로 구심력으로서의 예배의 규정적 원리인 것이다.

태초에 하나님께서는 모든 인류의 대표로서의 조상들에게 "동산 각
종 나무의 열매는 네가 임의로 먹되, 선악을 알게 하는 나무의 열매
는 먹지 말라 네가 먹는 날에는 반드시 죽으리라"(창 2:16-17)고 하시
어, 하나님께서 명하신 말씀에 머무르도록 명하신 것을 볼 수가 있
다. 그 때에 선이라는 것은 그 나무의 열매를 먹지 말라고 하신 하나
님의 명령에 순종하며 머무르는 것이요, 악은 그 명령의 말씀에 머무
르지 아니하고 스스로의 안목과 욕심에 끌려 행하는 것이었다. 그리
고 그 나무의 열매를 금하신 하나님의 명령을 넘어서서 오히려 그 열
매를 취했을 때에, 죄와 악이 첫 조상들을 통해 모든 인류에게까지
퍼지게 된 것이다. 그러므로 롬 5:12절에서 사도는 이르기를 "한 사
람으로 말미암아 죄가 세상에 들어오고 죄로 말미암아 사망이 들어
왔나니"라고 기록하고 있다. 즉 "선악을 알게 하는 나무의 열매는 먹
지 말라 네가 먹는 날에는 반드시 죽으리라"는 창 2:17절 말씀에 순
종하며 머무르지 않고 넘어갔을 때에, 죄와 죽음이 사람에게 이르게
된 것이다. 따라서 하나님께서 명하신 것을 행하고, 하나님께서 금하
신 것을 금하는 율법의 원리, 즉 하나님의 말씀을 향한 '구심력'은, 이
미 창 2:16-17절의 말씀 가운데서 온 인류의 대표인 첫 조상들에게
제시되었던 것이다.

그러나 하나님의 말씀에 머무르지 않고 넘어가서 행한 범죄The
Original Sin 이후로, 타락하고 부패한 인류의 첫 조상들과 그 허리에
서 나온 모든 인류는 하나님의 말씀에 머무르기를 싫어하고, 스스로
의 지혜를 따라서 하나님의 말씀 밖으로 향하는 '원심력'에 끌려 다니
는 노예와 같은 본성 가운데 살아간다. 그러므로 하나님이 없다며 부

인하는 자들은 아예 하나님의 말씀에 마음을 두지 않으며, 하나님을
인정하는 자들이라 할지라도 하나님의 말씀에 머무르려 하지 않는
자들은 하나님의 말씀에 규정하지 않는 것들 가운데서 자유로이 스
스로의 지혜를 쫓아 행하는 '규범적 원리'the normative principle에 따
라 예배하는 자들로 있는 것이다. 하지만 하나님의 말씀에 머무르려
는 소수의 중생한 신자들은 하나님의 말씀에 규정된 것들에 대해서
는 규정된 대로, 그리고 하나님의 말씀에 규정되지 않은 것들에 대해
서는 스스로 금하고 더욱 말씀의 표준으로 한정하여 행하는 '규정적
원리'the regulative principle에 따라 예배하는 자들로 있는 것이다.

바로 이러한 구별로 볼 때에, "우리는 하나님의 말씀이 정한 방식으
로만 예배할 수가 있는 것이다. 그러나 하나님의 말씀은 기도의 내용
가운데서 자유의 실행을 보증한다. 함축적으로 그리고 신약 성경의
성도들의 승인된 예들 모두에 의해 그것은 또한 노래의 내용에 관한
주의와 함께 자유의 실행을 보증한다. 그렇다면, 노래의 내용은, 우
리의 기도의 내용처럼, 성경의 참된 말씀에만 한정할 필요는 없다."
는 애매한 결론을 내리는 Marsden의 보고서가 아니라, "1. 성경에는
공적인 예배에서 하나님을 찬양하는 노래를 할 때 영감을 받지 않은
인간의 작곡들을 사용하는 것에 대한 보증이 없다. 2. 영감 된 노래
들을 사용함에 관한 명백한 권위가 있다. 3. 신성한 예배의 노래들은
그러므로 성경의 노래로 제한되어야만 하는데, 왜냐하면 그것들만이
영감을 받았기 때문이다. 4. 시편은 우리에게 성경의 권위를 가지는
종류의 곡들을 제공한다. 5. 우리는 그러므로 시편을 부르는데 있어

서 신적인 인가와 승인을 확신한다. 6. 우리는 비록 다른 영감을 받은 노래들을 사용하는 것이 성경이 명백하게 부여하는 기본 원칙, 즉 영감을 받은 노래의 사용이 위배되지 않는다 하더라도, 다른 영감을 받은 노래들이 하나님을 예배할 때 부르도록 의도된 것인지 확신 할 수가 없다. 7. 영감 받은 다른 노래들의 사용과 관련한 불확실성을 고려하여, 우리 자신들은 시편에 국한하여야만 한다."는 보고서를 제출한 John Murray와 William Young의 설명을 이해할 수 있어야 할 것이다. 바로 이러한 설명들과 이해들이야말로 하나님의 말씀에 머무르려는 거듭난 신자들의 바른 예배의 맥락과 자세를 확신할 수 있는 세세한 원리들을 보여주고 있기 때문이다. 그런즉 "시편과 찬미[찬송]와 신령한 노래"를 언급하는 엡 5:19절과 골 3:16절 말씀에 연계된, 공적인 예배에서의 노래에 관련한 일련의 연구와 보고의 내용들은, 단순히 예배의 한 부분에 대한 지엽적인 주제로서가 아니라, 하나님의 말씀에 머물러서 예배를 규정하려는 참된 신자들의 예배와 신앙의 원리를 실감할 수 있는 중요하고도 시급한 현안을 다루고 있는 것이라 하겠다. 비록 말씀 밖으로 넘어서려는 원심력은 자연스럽고, 이를 거슬러 말씀 안으로 돌아가려는 구심력을 얻는 것은 지극히 어려운 것이 우리의 신앙과 삶의 현실이지만, 오직 예수 그리스도 안에서 새롭게 된 하나님의 백성들은 오늘도 그러한 구심력을 얻으려, 혹은 얻어서 하나님의 말씀에 머무르기를 힘쓰는 자들임을 확신할 수 있기를 바란다.

2020년 12월, 장로교회정치연구소에서